KB119896

내가 사랑한 유럽의 도시

4가지 키워드로 읽는
유럽의 36개 도시

내가 사랑한 유럽의 도시

이주희 지음

낯익은 유럽 속에

낯선 도시 이야기

깊이 있는
유럽 도시 기행을 위한
인문학 가이드

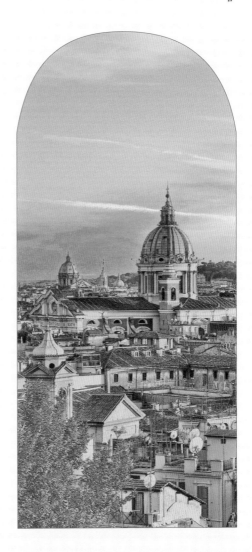

저자가 여행을 수집한 유럽 도시들

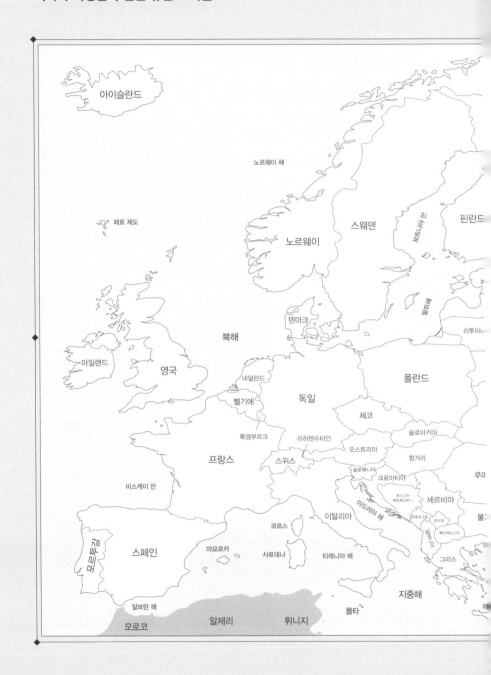

아이슬란드

노르웨이 해

페로 제도

노르웨이

스웨덴

보트니아 만

핀란드

발트해

덴마크

리투아니

북해

아일랜드

영국

네덜란드

폴란드

벨기에

독일

체코

룩셈부르크

리히텐슈타인

슬로바키아

프랑스

스위스

오스트리아

헝가리

슬로베니아

크로아티아

루마

비스케이 만

이탈리아

아드리아 해

보스니아
헤르체고비나

세르비아

불가

코르스

몬테네그로

코소보

포르투갈

스페인

마요르카

사르데냐

티레니아 해

마케도니아

알바니아

그리스

지중해

에

알보란 해

몰타

모로코

알제리

튀니지

* 차례 순서대로 나열했습니다.

낯익은 유럽 속에 낯선 도시

여행을 수집한 지 11년 여가 흘렀다.

여물지 않았던 여행자는 어느덧 성숙해지고, 나름 노련해졌다. 여행이 어떤 방향으로 흘러갈지 여전히 미지수지만, 낯선 도시에서 마주하는 감정에 쉽사리 흔들리지 않게 되었다.

익숙함이 쌓일수록 설렘은 무뎌져 갔다. 무엇을 보고 듣고 맛봐도 마음이 달뜨는 순간이 점점 줄어들었다. 그때마다 작고 미미한 것에 동요하던 어린 날의 내가 그리웠다.

아직은, 서투른 여행자이고 싶나 보다.

여행에 변주를 주는 건 어렵지 않다. 조금만 비틀어 봐도 전혀 다른 이야기가 들려오고, 상투적인 길에서 벗어나면 일상의 면면이 곳곳에 펼쳐진다.

매일 아침 에스프레소를 내리는 카페 할아버지가 있고, 미술관에서 그림 그리는 학생이 있고, 자전거 페달을 밟으며 출근하는 직장인이 있다. 더 이상 새로울 게 없다고 생각했던 도시에서 알알이 빛나는 순간들을 마주했다. 저마다의 삶을 품은 도시는 지극히 자연스러웠고 또 활기찼다.

눈에 보이는 길을 씩씩하게 걸어왔지만, 그 길이 전부가 아니었다. 낯익은 도시 속 낯선 뭔가를 찾아 나섰다. 어떤 날에는 역사와 예술을 배우는 인문 여행자로, 또 어느 날에는 친환경 정책을 탐험하는 지구 여행자로 다가갔다.

무심코 지나쳐온 풍경은 일상적이지만 그 안에 담긴 이야기는 하나같이 이채로웠다. 익숙함이 주는 나태를 벗어내고 밀도 있는 여행을 시작했다.

그제야 도시는 진짜 이야기를 들려줬다.

"진정한 여행은 새로운 풍경을 보러 가는 게 아니라 세상을 바라보는 또 하나의 눈을 얻는 것이다."

_마르셀 프루스트

여물지 않았던 그때의 나는 몰랐지만, 노련한 여행자가 된 지금은 알 것 같다. 세상을 바라보는 또 하나의 눈은 보이지 않던 것들을 바라보고 듣고 읽을 수 있는 시선이라는 걸.

도시가 품은 이야기에 귀 기울이고 지역민의 문화를 이해하며, 삶의 방식을 존중하는 시선을 갖춰 나갔다. 그러자 여행은 또렷하게 기억되었고, 낯선 도시의 일상에 고요히 스며들 수 있는 용기를 줬다.

2022년 5월, 봄의 끝자락을 붙잡고 여행을 떠났다.

오랜만에 찾은 유럽은 많은 게 바뀌었고, 또 많은 게 그 자리에 고스란히 있었다. 사뭇 어색했지만, 여느 때보다 설렜다. 일렁이는 마음을 감출 수 없어 입꼬리가 절로 올라갔다. 작은 것 하나도 놓치지 않으려 부지런히 기록했다. 사람들은 저마다의 방식으로 여행을 수집한다. 경험 수집가는 다정한 순간을 만나면 글을 쓰고, 눈부신 순간을 만나면 그림을 그린다. 그렇게 여행길에서 마주한 기억의 편린들을 모았다.

찬찬히 보니 일상에 스민 도시의 유구한 역사와 찬란한 예술, 설렘 가득한 책공간과 휘게 라이프스타일이 곳곳에 묻어났다.

두고두고 간직하고 싶은 도시의 오롯한 이야기를 담았다. 수집한 글 조각을 꺼내 유럽 도시 기행을 이어 나가려 한다. 낯익은 도시의 낯선 잔상이 모두의 마음속에 영그는 시간이 되길 온 마음 다해 바라본다.

2023년 봄
이주희

내가 사랑한 유럽의 도시

차례

2부 ◆ 찬란한 예술을 입은 도시

3부 ◆ 설렘 가득한 책공간을 지은 도시

4부 ◆ 휘게 라이프스타일을 읽는 도시

1부
유구한 역사를 담은 도시

Rome

Dubrovnik

Amsterdam

München

Segovia

Stockholm

Praha

Αθήνα

Venezia

Budapest

로마

길가의 돌덩어리에도
이야기가 담긴 곳

Rome

이탈리아 로마의 중심 전경

"고민의 끝은 항상 로마로 향한다"

역사와 예술이 흐르는 도시가 있다.

천년 왕국이라 불린 고대 로마제국의 수도이자, 중세 가톨릭의 중심지이자, 르네상스의 황금기를 이끈 예술의 보고. 도시 전체가 유네스코 세계문화유산으로 등재된 곳, 바로 '로마'다.

세월의 결을 움켜쥔 도시는 빛을 잃지 않았기에, 수많은 이의 발걸음을 재촉했다. 그중 독일의 대문호 요한 볼프강 폰 괴테도 있었다. 괴테는 로마에 첫발을 디딘 그날의 감동을 이렇게 표현했다.

> "내가 로마 땅을 밟게 된 그날이야말로 나의 제2의 탄생일이자 나의 진정한 삶이 다시 시작된 날이라고 생각된다. 세계의 전 역사가 이 도시와 연관되어 있다. 로마는 하나의 세계이며 진정으로 로마를 알려면 적어도 몇 년은 필요할 것이다."
>
> _요한 볼프강 폰 괴테, 『이탈리아 기행』

길가의 이름 모를 돌 하나에도 이야기가 담겨 있는 로마는 거대한 박물관과 다름없다. 모르고 보면 그저 돌덩이지만, 알고 나면 위대한 역사로 다가온다. 그런 도시가 바로 로마다.

몰타기사단 대문
열쇠 구멍으로 본
로마와 바티칸

　가만가만 들여다보면 도시 곳곳에 세월을 건너낸 역사가 흔적처럼
남겨져 있다. 그 지난한 역사를 한눈에 담을 수 있는 열쇠 구멍으로 향
했다. 아벤티노 언덕에 자리한 몰타기사단의 정원이 바로 그곳.

　오밀조밀한 풍경이 펼쳐질 몰타기사단의 초록빛 대문 앞을 어슬렁
거렸다. 본격적으로 나대는 마음을 다잡고 동전 크기만 한 열쇠 구멍
에 눈을 가져다 댔다. 로마와 바티칸이 시야에 오롯이 담겼다. 지나치
게 동화적이고, 숨 막히게 아름다운 풍경이었다.

로마와 바티칸의 대비는 참으로 아이러니하다. 고대 로마와 중세 가톨릭, 동시대에 공존할 수 없었던 역사가 하나의 프레임에 다정히 담겼다. 이토록 싱그러운 여름빛으로. 열쇠 구멍 안으로 밀도 높은 이야기가 빈틈없이 들어찼다.

로마는 영원의 도시라 불린다. 시간이 흐름에 따라 어쩔 수 없이 낡고 허물어졌지만, 발길 닿는 곳마다 지난날의 영광이 깃들어 있다.

로마는 수도교를 통해 도시로 깨끗한 물을 공급했고, 건축의 신비라 불리는 콜로세움과 판테온을 설계했으며, 모든 길이 로마로 통하도록 가도를 닦았다. 로마인이 남긴 건축물은 당시 시민들을 위한 사회기반시설로 쓰였다. 사람이 사람답게 살아가는 데 필요한 환경이자 인프라였던 것이다.

무엇보다, 로마는 유연했다. 전쟁에서 승리한 패전국을 흡수했고, 이민족에게 로마 시민권을 부여했으며, 적의 신을 새로운 신으로 받아들였다. 그 포용성은 로마가 1천 년 동안 제국을 유지하는 힘이 되었다.

하지만 로마의 관대함이 적용되지 않는 세력이 있었다. 바로 그리스도교였다. 로마제국의 질서와 권력을 유지하는 바탕은 신들의 평화였지만, 그리스도교의 하느님은 포함되지 않았던 것이다.

그리스도교는 유일신을, 로마는 다신교를 믿었기에 이들의 충돌은 예견된 결과였다. 더욱이 그리스도교는 황제를 신격화하는 로마를 받아들일 수 없었다. 결국 그리스도교는 불순 집단으로 지목당하며 가혹한 박해의 대상이 된다.

오랜 세월 숨죽이고 살던 그리스도교인들에게 한 줄기 빛이 등장한다. 313년 밀라노 칙령을 발표해 그리스도교를 공인해준 콘스탄티누스 황제가 그 주인공.

인고의 세월을 견딘 그리스도교는 마침내 신앙의 자유를 얻는다. 베드로가 순교한 바티칸 언덕 위에 성당이 세워지며 황금빛 시대의 서막을 알렸다. 그리고 476년, 영원할 것만 같던 로마제국도 마침내 역사의 뒤안길로 사라진다.

────────── **로마와 바티칸, 시대가 이루지 못한 공존을 해내다**

시대와 역사의 흐름이 바뀌었다. 그리스도교는 로마제국의 심장부를 차지하며 중세 시대 찬란한 역사를 써 내려갔다. 로마에 막강한 영향력을 가진 바티칸 시국이 들어서게 된 것.

무엇보다, 르네상스와 바로크라는 아름다운 시대가 이 도시를 찬란하게 수놓았다. 예술가들은 로마를 아름답게 조각했고, 발길 닿는 어디든 고고함이 넘쳐흘렀다. 영감이 샘솟는 예술의 도시가 된 것이다.

로마와 바티칸, 열쇠 구멍으로만 존재하는 공존일까. 확고한 신념과 믿음이 있었기에 서로의 존재를 인정하지 않았다. 그런데도 그리스도교를 공인해준 건 로마 황제였고, 몰락한 로마를 아름답게 가꾸고 지켜낸 건 그리스도교였다.

동전 크기만 한 작은 구멍 속 로마가 한 폭의 그림처럼 담겨온다. 고즈넉한 시가지 뒤로 펼쳐진 베드로 대성당은 더할 나위 없이 성스럽고 아름다웠다. 시대가 이루지 못한 공존을 도시가 해냈다. 로마는 유구한 세월의 벽을 넘나들었다. 고대 로마제국 시대부터 중세 르네상스 바로크 시대에 이르기까지, 유럽 문화를 창조하고 이끌었다.

다시 찾고 싶은 여행지가 있고 한 번으로도 충분한 여행지가 있다. 로마는 전자다. 수많은 선택지가 놓여 있어도, 결국 다시 찾아가는 곳은 로마였다. 오래 머무르고 싶어 살았던 도시였고, 또렷이 기록하고 싶어 책으로 남긴 여행이었다. 모든 게 고스란해서 아름다운 이 도시를 아직도 놓지 못하고 있다.

고민의 끝은 늘 로마를 향한다.

지상낙원 성곽도시에
전쟁이 입힌 상흔

Dubrovnik

크로아티아 두브로브니크의 중심 전경

"두브로브니크는 지상낙원이 따로 없었다"

잊히지 않는 이야기와 잊을 수 없는 역사를 간직한 도시를 마주했다. 주홍빛 지붕 너머 푸른 바다가 펼쳐지는 성곽도시는 한 폭의 수채화처럼 다가왔다. 천천히 아껴 보고 싶을 정도로 사랑스러웠다.

도시를 온전히 눈에 담고 싶은 충동이 일었다. 좁은 골목을 지나 더 높은 성벽으로 향했다. 그곳은 크로아티아의 끝자락에 있는 지상낙원, '두브로브니크'였다.

"자유는 세상의 어떤 보물과도 바꿀 수 없다."

_이반 군둘리치

로브리예나츠 요새에 새겨진 이반 군둘리치의 시는 이 땅에 고고히 존재했던 한 공화국을 떠올리게 했다. 그곳은 두브로브니크의 옛 이름, 라구사.

7세기경 에피다우름 사람들이 이민족의 침략을 피해 이 땅으로 건너와 해안절벽에 밤낮없이 돌을 쌓아 삶의 터전을 일군다. 그렇게 탄생한 도시가 라틴어로 '바위'를 뜻하는 라구사 공화국이었다.

13세기, 라구사는 동서양을 잇는 무역 중심지로 자리매김하며 전성기를 누린다. 당시 해상강국이었던 베네치아 공화국과 어깨를 나란히 할 정도로 엄청난 부를 축적한 것. '너의 손가락을 바다에 담그면 세상은 너의 것이 된다.'라는 속담이 생겨날 정도로 자유로이 존재했다.

유럽과 아시아가 만나는 길목에 자리한 라구사는 모두가 군침을 흘리는 땅이었다. 주변 국가들의 공격으로부터 도시를 온전히 지켜야만 했다. 사람들은 해안절벽을 따라 돌을 쌓아 올렸고, 도시를 둘러싼 견고한 성벽은 안전한 요새가 되었다.

가파른 절벽을 따라 높이 25m, 총길이 약 2km에 이르는 유럽에서 가장 길고도 아름다운 성벽이 무려 5세기에 걸쳐 건설된 것이다.

성벽을 쌓은 민족은 성벽 안에 갇혀 있지 않았다. 라구사는 모두에게 개방적이었다. 갈 곳 없는 이들이 세운 땅이었기에 바다를 건너온 이방인을 외면하지 않았다.

국적을 가리지 않고 망명자들에게 피난처를 제공했고, 종교로부터 자유로웠으며, 유럽에서 가장 먼저 노예 매매를 금지했다. 역병에 걸린 사람들을 격리하는 세계 최초의 검역원을 설치해 운영했다. 성벽에 의

유럽에서 가장 길고도 아름다운 성벽

지해 삶을 이어온 민족은 그 누구보다 앞서 나갔다.

탁 트인 성벽에서 마주한 구시가지는 이루 말할 수 없이 아름다웠다. 온화한 기후와 청명한 바다, 크고 작은 해변이 아우러진 두브로브니크는 지상낙원이 따로 없었다.

먹먹한 감정이 마음의 틈새를 비집고 파고들어 왔다. 성벽이 간직한 이야기가 마냥 아름답지만은 않았으니까. 두터운 벽 안에 부유하는 이야기는 쓰라린 상처로 가득했고 사람들을 스쳐 간 아픔은 골목마다 선연히 배어 있었다.

그 역사는 머나먼 과거로 존재하지 않는다. 지금으로부터 불과 30여 년 전에 일어난 비극이었다. 그것도 아드리아해의 보석, 발칸반도에서.

─────── 그 누구도 전쟁으로부터 정당할 수 없다

1991년, 크로아티아가 유고슬라비아 연방으로부터 독립을 선언하자 세르비아를 주축으로 한 유고연방군은 무력을 앞세워 무차별적인 공격을 자행한다. 20세기 가장 참혹한 전쟁으로 기록된 유고슬라비아 전쟁이 발발한 것이다.

두브로브니크는 순식간에 폐허로 변했다. 연방군의 일방적인 공중 폭격으로 도시는 화염에 휩싸인다. 검은 연기와 공포만이 가득했다. 무너져가는 두브로브니크를 구한 건, 사람들이었다.

소중한 문화유산이 파괴되는 걸 더는 지켜볼 수 없었던 유럽의 지성들이 두브로브니크로 모여들었다. "이 아름다운 도시를 보호해달라."며 인간 방어벽을 만들어 폭격으로부터 도시를 지켜냈다.

두브로브니크를 파괴한 연방군을 향한 국제 사회의 비난이 이어졌고, 결국 유럽공동체(EC)는 크로아티아의 독립을 승인한다. 이후, 유고연방에 소속된 국가들의 분리독립이 이어지며 1945년에 출범한 유고연방은 사실상 해체 절차를 밟는다. 지난한 전쟁은 그렇게 끝났다.

종교와 민족, 문명에 관대했던 도시는 더 이상 존재하지 않았다. 이 땅에 켜켜이 쌓인 자유의 역사는 한 줌의 재가 되어 사라졌다. 대신 배척과 혐오만 남았다. 종교가 다르다는 이유로, 같은 민족이 아니라는 이유로, 내 땅을 되찾겠다는 이유로 서로를 철저히 배척했다.

크로아티아인이 세르비아인을, 세르비아인이 보스니아인을 학살했다. 제2차 세계대전 이후 최악의 인종청소가 자행된 것이다. 어제의 이웃이 오늘의 적이 되어 이유도 모른 채 싸우고 또 싸웠다. 그 누구도 믿을 수 없었고 그 누구도 믿어선 안 되었다.

전쟁이 끝난 후 파괴된 도시는 빠르게 복원되었지만, 전쟁을 견뎌낸 사람들의 상처는 쉬이 아물지 않았다. 마음속 깊이 박혀 지울 수 없는, 지워지지 않는 상흔으로 남았다.

지난 피의 역사가 보여주듯, 정의로운 전쟁은 없다. 사라지지 않는 고통과 되돌릴 수 없는 생채기만 있을 뿐이다. 모든 피해는 그곳에서 살아갈 사람들의 몫이다. 상실의 슬픔을 짊어지고 평생을 살아가야 하는 전쟁의 피해자들만이 남는다. 그 어떤 전쟁도 정의롭지 못하며 그 누구도 전쟁으로부터 정당할 수 없다.

무차별적인 전쟁을 용인해선 안 된다. 역사는 전쟁 범죄를 기록할 것이고, 그 기록은 절대로 지워지지 않을 것이다. 검은 연기 자욱한 두브로브니크의 어느 날을 우리가 기억하듯이.

튤립처럼 아름다운
자유와 관용의 풍경

Amsterdam

네덜란드 암스테르담의 중심 전경

"암스테르담에는 모두가 자유로이 존재한다"

여행에는 시선이 존재한다. 도시를 바라보는 관점에 따라 깊이의 정도가 정해진다. 스며들 것인지 스쳐 지나갈 것인지는 여행자의 선택이다. 전자의 경우, 여행지에 프레임을 덜어내고 이야기를 더한다.

그런 기회는 매번 찾아오지 않는다. 어쩌다 맛보는 여행의 묘미랄까. 무엇보다, 이야기가 주는 여운이 크다. 대수롭지 않게 다가왔다가 깊이 머무르곤 한다. '암스테르담'의 두 번째 여행처럼.

풍차와 튤립, 마리화나와 홍등가로 한정했던 도시에서 낯선 이야기를 마주했다. 방탕하고 퇴폐적인 첫 이미지가 무색하게도 이야기가 지나치는 모든 역사가 도시를 확장시켰다.

스키폴 국제공항에 도착하는 순간, 해수면보다 4m 아래 있는 땅에 발을 디딘다. 심지어 전 국토의 4분의 1이 바다보다 낮다. 그래서 국명도 '낮은 땅'을 뜻하는 네덜란드. 그 옛날, 네덜란드는 유럽의 큰 강들이 바다로 빠져나가는 길목에 자리했다. 사람이 살 수 없는 척박한 땅이었다. 하지만 강인하고 굳센 민족은 기어코 땅을 일궈낸다.

습지에 제방을 쌓고 수많은 풍차를 돌려 땅에서 바닷물을 빼낸 뒤, 암스텔강에 댐을 건설해 해수의 범람을 막았다. 그렇게 강의 물줄기를 틀어막고 다져진 땅이 바로 암스텔레담머. 지금의 수도, 암스테르담이다. 네덜란드인들이 "신이 세상을 창조했다면, 네덜란드는 네덜란드인들이 만들었다."라고 자부심을 느낄 만했다.

암스테르담에는 모두가 자유로이 존재했다. 바다를 개간해 만들어진 도시였기에 땅을 공평하게 나눴다. 도시의 특수성으로 중세 유럽의 봉건제도가 네덜란드에선 제대로 힘을 쓰지 못했다. 모두가 땀 흘려 일군 땅에 그 어떤 권력자도 함부로 소유권을 주장할 수 없었으니까.

무엇보다, 바닷물과 싸운 민족은 종교와 제도로부터 자유로웠다. 암스테르담은 종교에 관용을 베풀었고 정치와 사상의 자유를 보장했다. 유럽의 지성들이 이 도시로 몰려든 건 지극히 자연스러운 흐름이었다.

유럽에서 금기시했던 사상이 꽃피었고, 상인과 은행가들이 유입되었으며, 종교를 배제한 그림이 그려졌다. 과학자, 예술가, 사상가, 제조업자 등 수많은 이들이 자유와 관용의 도시에 매료되었다.

──────── **네덜란드 역사의 명과 암**

17세기 네덜란드는 찬란한 황금시대를 맞이한다. 풍요롭지 않은 땅이었기에, 바다는 희망찬 미래였다. 진취적인 민족은 바다로 나아갔다. 활발한 상업 활동으로 아시아 무역을 독점하며 막대한 이익을 얻는다.

그 무렵 대서양과 태평양, 인도양은 네덜란드를 위한 바다였다. 네덜란드의 한 선박 회사가 깃발을 휘날리며 전 세계를 활보하고 다녔으니까. 바다를 휘젓고 다닌 그 선박 회사의 이름은 동인도회사.

동인도회사는 무역에 필요한 자금을 모으기 위해 획기적인 방법을 기획한다. 바로 지분 판매였다. 누구나 자유롭게 투자할 수 있는 최초의 근대식 주식회사가 등장한 것이다.

네덜란드 국민은 투자자가 되어 동인도회사의 미래를 사들였고, 곧 이어 암스테르담에 첫 증권거래소가 세워진다. 주식을 사고파는 공식 시장이 형성되었다. 암스테르담은 세계 금융의 중심지로 성장했고 이 자유로운 땅에 현대 자본주의의 토대가 싹튼다.

네덜란드의 황금시대는 영원하지 않았다. 경제 성장과 유례없는 호황이 이어지면서 예기치 못한 사태도 벌어졌다. 역사상 최초의 버블로 알려진 '튤립 파동'이 터진 것이다.

주식 맛을 본 사람들은 새로운 투자처를 찾기 시작했다. 그때 눈에 띈 게 터키(현재의 튀르키예)에서 들여온 귀한 튤립이었다. 부유함의 상징이었던 튤립에 모두가 매혹되었고 부자들은 앞다퉈 튤립을 구매해 정원을 꾸미는 데 혈안이었다.

튤립 가격은 천정부지로 치솟았고 투자자들은 엄청난 시세 차익을 남긴다. 너도나도 앞다퉈 튤립 알뿌리를 사들였다. 튤립 뿌리 하나가 고급주택 한 채 값에 팔리는 기상천외한 일도 생겨났다.

가격 거품이 형성되었고 결국 튤립 값은 폭락하고 만다. 이때 재산을 담보로 투자금을 마련했던 사람들은 엄청난 손실을 본다. 투기 광풍에 휩싸인 역사상 최악의 폭락이었던 것. 한때 사람들의 욕망을 자극했던

부유함의 상징이었던 튤립

튤립은 거품을 걷어내고 온전한 꽃으로 남겨졌다.

봄의 네덜란드는 싱그럽게 피어난 튤립으로 그득하다. 쾨켄호프에 튤립이 만개하면, 비로소 유럽에 봄이 찾아오니까. 네덜란드는 화사한 꽃들이 피어나는 유럽의 정원이 되었다.

> "우리 도시에는 화려한 역사가 있어요. 비록 관광객들은 대부분 홍등가만
> 보고 싶어 하지만요. 어떤 관광객들은 암스테르담이 죄악의 도시라고 생
> 각합니다. 하지만 사실 여긴 자유의 도시예요. 그리고 자유가 있으면 대부
> 분의 사람들은 죄악을 찾죠."
>
> _존 그린, 『잘못은 우리 별에 있어』

암스테르담은 도무지 익숙해지기 어려운, 껄끄러운 것투성이었다. 도시의 프레임을 걷어내고 이야기에 집중했다. 그러자 바다와 싸워 일궈낸 이 땅의 역사가 읽혔다.

네덜란드는 바다보다 '낮은(Neder) 땅(Land)'에 사람들이 만든 나라였다. 자유와 관용의 역사는 켜켜이 쌓여 도시의 정신으로 이어졌다.

무엇보다, 암스테르담은 다름을 받아들이고 새로움을 수용하는 데 주저함이 없었다. 카페에서 커피와 함께 마약을 팔고, 운하를 따라 홍등가가 합법적으로 운영되며, 동성 간의 결혼과 안락사를 허용했다.

각자의 가치관을 인정하고 서로의 다름을 받아들이는 자유로운 암스테르담. 도시의 낯선 풍경이 이제 지극히 자연스럽게 다가왔다.

나치 저항의 상징을
역사에 새긴 대학교

München

독일 뮌헨의 중심 전경

"뮌헨은 영화로 기억되는 도시다"

누구나 한 편의 영화를 품고 산다. 내게도 그런 영화가 있다.

극이 클라이맥스를 향해 달려갈수록 숨이 가빠왔다. 주인공의 결연한 눈빛과 단단한 표정이 스크린을 뚫고 나왔다. 흔들리지 않는, 올곧은 용기에 마음이 아렸다. 영화를 관통하는 주제는 죽음이었고, 스포일러는 역사였으니까. 실존 인물의 이야기를 다룬 영화는 마크 로드문트 감독의 〈소피 숄의 마지막 날들〉이다.

'뮌헨'은 영화로 기억되는 도시다. 그날의 기억이 선연하다. 5월의 어느 날, 소피의 흔적을 따라 뮌헨을 여행했다. 바이에른의 주도답게 도시는 생동감 넘쳤다.

무표정한 독일이 새삼 낯설게 다가왔다. 도시에 자유롭고 활기찬 분위기를 연출한 건 맥주였다. 마리엔 광장에는 시원한 맥주 한 잔을 즐기는 사람들로 넘쳐났다. 매년 10월, 세계 최대 맥주 축제인 옥토버페스트가 열리는 도시다웠다.

번잡한 시청사를 벗어나 대학가로 향했다. 길을 걷다 무심결에 고개를 돌려 바닥을 봤다. 울퉁불퉁한 잿빛 돌들 사이로 대리석 조각들이 흩어져 있었다.

비극의 시대를 기록한 전단 기념 조각이 새겨진 그곳은 바로 '게슈비

뮌헨대학교 복도

스터 숄 플라츠'. 소피와 한스 남매를 기억하는 '숄 오누이 광장'이었다.
그토록 바라던 스크린 속 한 장면에 다다랐다.

21살의 소피는 평범한 대학생이었다. 당시, 가장 어려운 건 평범함
이었다. 독일 국민은 나치즘이 내건 강한 독일에 열광했다. 잔악함이
독일을 물들이던 시절, 히틀러의 거짓과 야만을 폭로하는 전단들이 쏟
아져 내렸다.

전단을 제작하고 배포한 이는 다름 아닌 오빠 한스였고, 그는 뮌헨대
학교 비폭력 청년 조직인 백장미단의 단원이었다. 정의 앞에서 소피의

선택은 단호했다. 그녀는 백장미단의 유일한 여학생이 된다.

1943년 2월 18일, 숄 남매는 나치즘의 만행을 고발하는 전단을 가방에 가득 채워 뮌헨대학교로 향했다. 하루하루 살얼음을 밟는 심정이었다. 감시의 눈초리는 매서웠다. 나치에 반하는 그 어떤 행위도 허락되지 않았다. 단지 전단을 뿌리는 비폭력적 저항일지라도.

언제 붙잡혀도 이상하지 않을 나날의 연속이었다. 안타깝게도 백장미단의 활동은 오래가지 못했다. 소피와 한스는 뮌헨대학교 복도와 강의실에서 전단을 뿌리다가 그 자리에서 체포된다. 유독 눈이 시리게 맑은 날이었다.

그 겨울, 소피는 인민 법정으로 끌려갔다. 잔인한 고문과 숨 막히는 취조가 이어졌지만, 소피는 단 한 순간도 구부러지지 않았다. 누가 누구를 심문하는지 알 수 없는 날 선 대립이 벌어졌다.

소피는 마지막 순간까지 흔들림 없이 당당했다. 잘못을 잘못했다고 외친 건 잘못이 아니니까. 독설을 퍼붓던 히틀러의 판관들은 국가반역죄라는 터무니없는 죄목으로 백장미단에 사형을 선고했다.

"맑고 화창한 이날, 나는 가야만 한다. 우리를 통해 수천 명이 깨어나고 행동할 수 있다면 나 하나 죽는 게 무슨 상관이겠는가."

_소피 숄

나치는 위험한 투쟁의 싹을 잘라냈다. 이 병적인 집단은 백장미단이 꽃피울 또 다른 백장미단의 확장이 두려웠던 것이다. 체포에서 심문, 재판, 사형 집행까지 걸린 시간은 고작 나흘.

가장 먼저 소피가, 다음으로 한스가, 그리고 크리스토프가 처형되었고 나머지 단원들은 두 번째 공판 후 모두 사형당했다. 죽음 앞에서 백장미단은 의연했다. 꽃이 채 피기도 전에 "자유여, 영원하라."라고 외친 청년들은 형장의 이슬로 사라졌다.

─────── **비범한 영웅 아닌 평범한 소시민들의 외침**

독일 국민은 나치에 저항하지 않았다. 독일을 강대국으로 만들겠다는 히틀러의 화려한 선동과 선전에 매료되었다. 모두가 눈을 감고 귀를 닫고 입을 다물었다. 당시 가장 쉬운 건 무책임한 방관이었으니까.

숄 남매가 처음부터 나치에 반대했던 건 아니다. 어린 시절 소피와 한스는 히틀러 유겐트(나치 독일의 당 및 관영 청소년 조직)로 활동했다. 하지만 오래지 않아 남매는 전쟁을 일삼고 자유를 억압하는 나치에 환멸을 느낀다. 광기의 시대, 누군가는 깨어 있어야 했다. 그 올곧은 신념이 숄 남매를 백장미단으로 이끌었다.

"아니요"라고 외칠 용기를 잃었을 때, 백장미단은 침묵하지 않았다. 나치의 만행을 고발하며 유대인 학살을 공개적으로 비난했다. 폭력적 집단에 미세한 균열을 일으키는 건, 비범한 영웅이 아닌 평범한 소시민들이었다.

그래서 소수의 독일인이 다수의 독일인에게 외쳤다. 무지한 통치자에게 무기력하게 지배당하지 말자고. 평범한 이들이 평범하지 않은 일에 큰 용기를 냈다. 잠들어 있는 양심을 일깨우고, 진실의 목소리를 내며, 자유를 위해 저항한 것이다.

5월이 되면, 늘 그렇듯 영화 〈소피 숄의 마지막 날들〉이 떠오른다. "오늘은 내가 이곳에 있지만, 다음엔 당신이 이 자리에 설 것이다."라는 소피의 외침은 현실이 되었다. 나치 전범들은 독일 패망 후 뉘른베르크 국제군사재판으로 끌려갔다.

독일은 전범 처벌에 단호했다. 이쯤에서 그만하자 식의 공소시효가 없다. 2021년, 한 남성이 강제수용소에서 일하며 집단 학살에 가담한 혐의로 재판에 넘겨졌다. 법정에 선 그의 나이는 100살이었다.

독일은 나치 전범을 끝까지 추적해 과거의 죗값을 치르게 한다. 방관하지 않는 독일이 있기에, 백장미단의 용기는 빛을 잃지 않을 것이다. 5월에 피어나는 흰 꽃이 눈부시게 맑은 것처럼.

물의 가치를 꿰뚫어 본
로마제국의 위대함

Segovia

스페인 세고비아의 중심 전경

"반복되는 일상이 삶을 짓누를 때 세고비아를 떠올린다"

4월의 어느 날, '세고비아'를 찾았다.

스페인에서 어느덧 3주의 시간이 흘렀다. 계획한 여행이 주는 무료함에 슬슬 싫증이 몰려왔다. 일정을 비틀고 싶은, 그러니까 몸서리치게 유난 떨고 싶은 그런 하루였다.

틀에 박힌 여행에 신선한 자극이 필요했다. 한 달 전에 예약한 프라도 미술관을 포기했다. 아쉬울 줄 알았는데 오히려 홀가분했다. 그렇게 즉흥적으로 떠난 여행지가 세고비아였다.

하늘은 흐렸고 바람은 낮게 불었다. 날씨가 맑았으면 좋았겠지만, 그렇지 않아도 좋았다. 소록소록 내리는 비를 맞으며 세고비아를 거닐었다. 높은 산악지대에 자리한 마을은 평온하고 또 목가적이었다.

발길 닿는 곳마다 소박한 정취가 흘렀다. 아담한 건물을 가로지르는 다리를 마주한 건 세고비아를 반쯤 걸었을 무렵이었다. 탁 트인 아소게호 광장에 들어서자 아치형 다리가 성큼 다가왔다. 묵직한 존재감을 드러내는 건축물은 물을 운반하는 수도교였다.

전체 길이 약 800m, 최고 높이 30m의 2단 아치로 세워진 수도교는 놀라움 그 자체였다. 2천 년 전, 고대인들은 산기슭에 흐르는 물을 세고비아까지 끌어오기 위한 목적으로 수도교를 설계했다. 거친 돌들을 네모나게 다듬어 튼튼한 다리를 세운 후, 돌과 돌 사이를 정교하게 짜 맞춰 벽돌처럼 쌓아 올렸다. 진흙, 시멘트와 같은 별도의 접착제를 사용하지 않고 오직 돌만 이용해 수도교를 축조한 것이다.

견고한 돌들을 결합한 건 다름 아닌 아치였다. 반원형의 곡선으로 돌을 쌓아 올리다 보면, 왼쪽과 오른쪽이 아치 꼭대기에서 서로 만난다. 그 지점에 종석을 끼워 넣는다. 위에서 누르는 힘에 의해 돌들이 단단히 연결되어 상부의 무게를 버틸 수 있다.

그렇게 쌓아 올린 다리 위에 수로를 깔아 물을 안정적으로 공급한 것이다. 아치 설계 덕분에 수도교는 2천 년이 지난 지금까지도 원형의 모습을 그대로 유지하고 있다.

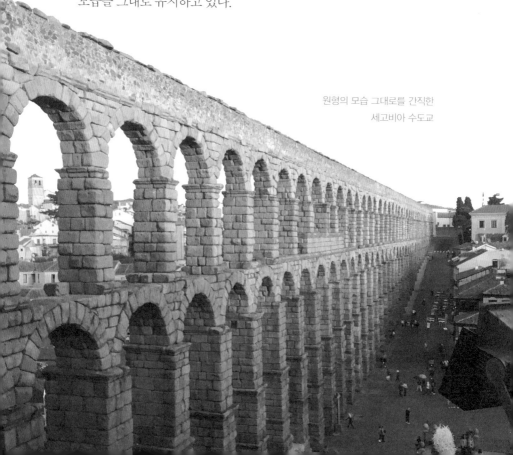

원형의 모습 그대로를 간직한
세고비아 수도교

세고비아에 이토록 아름다운 건축물을 남긴 민족은 이베리아반도를 정복한 로마인이었다. 수도교는 고대 로마제국이 남긴 찬란한 문명이자 위대한 문화유산이다.

로마는 일찍이 물의 가치를 꿰뚫었다. 기원전 312년, 로마의 아피아 수도교를 시작으로 제국 전역에 걸쳐 수많은 수도교를 축조한다. 수원지에서 끌어온 물로 사람들은 농사를 짓고, 목욕탕에서 샤워하고, 공중화장실을 이용했다.

그 어떤 문명의 이기도 누리지 못했던 시대, 로마는 세계 최초의 상수도 시스템을 도입해 시민들을 위한 사회기반시설을 제공한 것이다. 기술자들은 수도교의 청결과 위생에 각별히 신경 썼다. 물이 한곳에 고여 있으면 쉽게 썩었기에 물이 쉬지 않고 끊임없이 흐르게 했다.

땅속에 U자 모양의 굽은 관을 설치한다. 물이 땅의 경사를 따라 이동하다가 바닥을 치고 올라가는 원리를 적용한 것. 오늘날 변기에 적용되는 사이펀 원리와 같다. 오직 중력만으로 물이 높은 곳에서 낮은 곳으로 자연스레 흐르게 한 것이다.

수도교에서 중요한 건 경사도였다. 각도가 높으면 수압에 의해 파괴되고, 각도가 낮으면 물이 고여 흐르지 않았다. 도시마다 지형이 달랐고, 그에 따른 높낮이를 정확히 계산해야 했다. 그래서 산의 지형을 먼저 파악해 일정 경사도를 맞춰 수도교를 설계했다.

오직 고도 차이를 이용해 물의 흐름을 조절한 것이다. 고대 로마인의 수학적 계산과 토목 공학 기술은 혀를 내두를 정도로 정교했다.

세고비아 수도교는 16km 떨어진 수원지에서 고지대로 식수를 공급했다. 그 쓰임은 19세기까지 이어졌다. 무려 2천 년의 세월을 버티며 본연의 역할을 충실히 수행한 것이다. 인간은 물 없이 생존할 수 없다. 물은 사람이 사람답게 살아가는 데 필수불가결하다.

깨끗한 물은 질병을 예방하며 건강한 삶을 영위하게 했다. 삶의 질을 높여준 고대인의 기술력에 감복하고 또 감탄했다. 무엇보다, 수도교라는 첨단 시설을 속주에 기꺼이 제공해 제국을 통치한 로마가 새삼 지혜롭게 느껴졌다.

건물보다 높이 세워진 수도교에 올랐다. 작은 마을이 한 손에 잡힐 듯 시야에 가득 찼다. 수도교의 다리는 더 높게, 돌의 질감은 더 거칠게 와 닿았다.

무작정 떠난 세고비아 여행은 사사로운 것에 감정을 부여할 정도로 좋았다. 그날의 잿빛 하늘이, 구슬구슬 내리는 봄비가, 스산하게 불어오는 바람까지 보드랍게 다가왔으니까.

반복되는 일상이 삶을 짓누를 때, 가끔 세고비아를 떠올린다. 그때처럼 정체된 길을 벗어나 가변적 목적지를 찾아가길. 삶이 어떤 방향으로 흘러갈지는 미지수지만, 늘 그랬듯 글을 끄적이며 여행하는 삶을 이어갈 거라는 점은 분명하다.

바이킹 후예의 위용,
바사호의 출항과 침몰

Stockholm

스웨덴 스톡홀름 전경

"통나무(Stock) 섬(Holm)으로 이뤄진 도시, 스톡홀름(Stockholm)"

1961년 4월 24일, 거대한 배 한 척이 수면 위로 모습을 드러냈다. 바닷속으로 침몰한 지 무려 333년 만에 인양된 전함 바사호였다. 역사 속에 존재했던 호화 전함은 아름다웠고 또 웅장했다. 17세기 모습을 고스란히 간직한 선체는 그 자체로 작품이었다.

수면 아래 잠겨 있던 바사호는 긴 잠에서 깨어나 기지개를 켠다. 바이킹의 후예는 이루지 못한 위대한 항해를 시작한다. 돛을 활짝 펼치고 탐험에 나선 그곳은 바로 '스톡홀름'의 바사 박물관이다.

숲과 호수의 나라 스웨덴에 통나무(Stock) 섬(Holm)으로 이뤄진 도시, 스톡홀름(Stockholm). 14개의 크고 작은 섬이 57개의 다리로 연결된 운하 도시는 지적인 분위기를 물씬 풍겼다. 그도 그럴 것이 무려 80개가 넘는 박물관이 산재해 있다.

노벨상의 역사와 노벨의 생애를 기록하는 노벨 박물관을 시작으로 세계 최초의 야외 민속 박물관인 스칸센 박물관과 전 세계인의 사랑을 받은 가수 아바 박물관 등 스톡홀름을 수놓은 박물관은 역사, 해양, 사진, 자연에 이르는 다양한 분야를 아우르고 있었다.

사람과 자연, 문화가 조화롭게 공존하는 스톡홀름에서 단연코 시선을 사로잡은 건 바사호였다. 박물관에 들어서는 순간, 깊은 심해를 유영하는 듯한 오묘한 분위기에 사로잡혔다. 어둠으로 가득한 공간에 바사호만이 오롯이 존재했다. 길이 69m, 높이 52.5m에 이르는 거대한 전함과 화려한 조각상이 쉴 틈 없이 펼쳐졌다.

박물관은 바사호의 첫 출항과 침몰, 그리고 333년간 바다에 묻혀 있던 이야기를 기록했다. 그것도 세심하고 사실적으로. 스웨덴은 한때 바다를 호령했던 해상강국의 국력과 위용을 화려하게 보여줬다. 지나친 욕심이 불러온 실패의 역사 역시 잊지 않았다. 바사 박물관은 부끄러운 역사의 한 페이지를 과감하게 전시한 것이다.

1628년 8월 10일, 북방의 사자라 불리던 바사 왕가의 구스타브 2세가 건조한 전함 바사호가 첫 출항에 나섰다. 그 모습을 보기 위해 수많은 인파가 부둣가로 모였다. 기대에 찬 시민들의 환호와 함성이 울려 퍼졌다. 축포 소리와 함께 150여 명의 승선자를 태운 바사호가 항해에 나섰다. 모두가 바사호의 첫 출항을 축하했다.

하지만 영광의 순간이 비극으로 치닫는 데는 그리 오랜 시간이 걸리지 않았다. 몇 차례 돌풍이 불자 무적군함이라는 수식어가 무색하게도 배는 곧 옆으로 기울어졌다. 휘청이기를 반복하던 바사호는 중심을 제대로 잡지 못한 채 결국 바다 밑으로 가라앉아 버렸다. 1628년 8월 10일, 바사호는 출항과 동시에 침몰했다. 스웨덴 왕실의 업적이었던 바사호는 그렇게 허망하고도 비극적인 최후를 맞이하고 말았다.

바사호는 애초에 설계상의 오류와 문제를 가지고 시작했다. 바닷물에 잠기는 선체의 비중이 현저히 작았던 반면 물 밖의 선체는 터무니

없이 컸다. 게다가 기존 설계보다 더 많은 대포와 포탄이 설치되었다. 안전성은 고려하지 않고 호화 전함을 만드는 데만 급급했다.

발트해를 제패하고자 했던 구스타브 2세의 지나친 과욕이 부른 참사였다. 심지어 바사호는 좌우 대칭도 안 맞았다. 거센 바람을 맞으면 선체가 균형을 잡지 못하고 한쪽으로 쓰러질 수밖에 없었다.

한마디로 바사호는 복원력을 상실한 총체적 부실이었던 것.

──────── 스웨덴은 실패의 역사를 숨기지 않았다

1956년, 바닷속에 잠들어 있던 바사호의 존재가 세상에 드러났다. 집념과 끈기로 바사호를 찾아낸 해양 고고학자는 안데스 프란첸. 그는 17세기 자료들을 토대로 바사호의 위치를 추적하기 시작했다.

수차례에 걸친 탐사 끝에 바사호의 잔해 일부를 발견한다. 수면 아래 묻혀 있는 바사호의 모습은 거의 기적에 가까웠다. 당시의 모습을 고스란히 간직하고 있었으니까. 염분이 낮은 스톡홀름 바다의 특수성이 부식 속도를 늦췄다. 그러다 보니 선체의 98%를 원형 그대로 사용할 정도로 보존 상태가 양호했다.

바사호 인양은 쉬운 편에 속했다. 그 후 복원 작업은 지난한 과정의 연속이었다. 바닷물을 잔뜩 머금은 배를 공기 중에 온전히 보존하는 작업이 진행되었다.

선체에 보존제를 분사하는 데 무려 17년이 걸렸고 다시 건조하는데만 10년이 흘렀다. 그렇게 30여 년에 이르는 집념의 보존 처리 작업이 진행되었다. 1990년, 오랜 정비를 끝낸 바사호는 거대한 돛대를 하늘 높이 펼치며 박물관에 들어선다. 호화 전함의 화려한 부활이었다.

스웨덴은 실패의 역사를 숨기지 않았다. 오히려 침몰 과정을 여실히 드러냈다. 17세기 과욕이 부른 실패작은 20세기 선체 복원의 히스토리가 되어 돌아왔다. 구스타프 2세의 무적함대가 아닌, 세상에서 가장 오래된 전함을 복원한 바사 박물관이라는 이름으로.

바사호의 항해는 끝나지 않았다. 역사를 기록하는 박물관이 있기에, 바사호는 여전히 현재진행형이다.

프라하

자유와 평화의 봄을 기다리는
보헤미아의 도시

Praha

체코 프라하 전경

"프라하의 봄이 저만치 깊어가고 있다"

겨울은 늘 심술궂다. 봄을 쉬이 내주지 않는다. 그래서 언제나 3월이 찾아오길 손꼽아 기다렸다. 차디찬 겨울과 싱그러운 봄이 교차하는 그 계절의 여행을 사랑했다. 이른 봄이 찾아오면, 늘 그렇듯 그 도시가 떠오른다. 자유로운 보헤미아의 도시, '프라하'다.

전설적인 밴드 퀸의 명곡 〈보헤미안 랩소디〉로 익숙한 보헤미아. 얽매이지 않는 자유로움을 뜻하는 이 단어는 원래 보헤미아 왕국이 있던 체코 지방을 이르는 말이었다. 그 옛날 체코는 크게 서쪽의 보헤미아, 동쪽의 모라비아, 그리고 동북쪽의 슐레지엔으로 나뉘었다.

그중 보헤미아는 1918년 '체코슬로바키아'라는 국명으로 불리기 전까지 역사의 한 부분을 차지한 어엿한 왕국이었다. 체코는 보헤미아의 역사 위에 세워진 국가로, 그 중심에 프라하가 있다.

보헤미아 왕국의 수도이자 1천 년의 역사를 간직한 고도, 프라하. 보헤미아는 어딘가에 속해 있으면서도 그 어디에도 속박받지 않는 자유를 추구해왔다. 1968년 바츨라프 광장에서 일어난 '프라하의 봄'처럼.

제2차 세계대전 후, 시민들은 인간의 얼굴을 한 사회주의를 염원했다. 국가와 권력자를 위한 사회주의를 끌어내렸고, 대대적인 개혁정책을 단행했다. 그러자 소련은 프라하의 봄을 저지하고자 군대와 탱크,

장갑차를 끌고 프라하를 침공한다. 시민들이 힘을 모아 소련군에 대치했지만, 오래 버티지 못했다.

소련군의 무차별적 폭행과 발포가 이어졌다. 무고한 시민들이 다쳤고, 137여 명이 목숨을 잃었다. 소련의 극악한 행태를 참을 수 없었던 청년들은 격렬히 저항했다. 대학생 얀 팔라흐와 얀 자이츠가 스스로 목숨을 버렸다. 두 청년의 희생에 시민들은 더 깊은 절망에 빠졌다.

프라하에 봄은 오지 않았다. 사람들은 피와 눈물로 얼룩진 그날을 기억했고 언젠가 찾아올 봄을 기다렸다.

30년이 흐른 1989년의 어느 날, 자유를 향한 외침이 다시금 터져 나왔다. 비폭력 민주화 운동을 향한 시민들의 함성이 바츨라프 광장에 울려 퍼졌다. 수많은 이의 피로 얼룩진 광장은 다시 불타올랐다. 그것도 피 한 방울 흘리지 않은 채.

공산당은 물러났고 비로소 '벨벳 혁명'이 완성되었다. 벨벳처럼 부드럽게, 권력은 민중에게로 넘겨졌다. 민주화를 이끈 바츨라프 하벨을 대통령으로 선출하며 체코슬로바키아는 민주주의 국가가 된다. 그토록 염원하던 봄이 찾아왔고, 프라하에 새하얀 꽃이 만개했다. 시민들은 잃어버린 봄을 스스로의 힘으로 되찾았다.

격동의 현장이었던 바츨라프 광장은 그날의 흔적을 고스란히 담고 있었다. 얀 팔라흐가 쓰러진 장소에 십자가가 새겨졌고, 두 청년의 숭고한 희생을 기리는 기념석이 세워졌다. 그들의 잔영은 사그라지지 않은 채 여전히 이 공간을 맴돌았다.

보헤미아 특유의 얽매이지 않은 자유로움은 건축 양식에도 고스란히 전해져 로마네스크, 고딕, 르네상스, 바로크, 로코코 양식 등 시대가 다른 건축물들이 다각도로 펼쳐진다. 그것도 한 공간에서.

────────── **묵묵히 이어 나가는 자유와 평화의 메시지**

시대별 건축물이 빼곡히 들어선 그곳은 바로 프라하의 중심인 구시가지 광장. 이곳에는 중세 기술과 학문의 집약체인 천문시계와 고딕 양식으로 건축된 구시청사, 보헤미아 크리스털 샹들리에로 장식된 성 니콜라스 성당 등 찬란한 문화유적들이 산재해 있다. 서양 건축사의 모든 양식이 한자리에 모인 건축 박람회장이 따로 없다.

고즈넉한 광장 중앙에 세워진 거대한 군상으로 발걸음을 옮겼다. 한가운데 우뚝 선 피사체가 눈길을 사로잡았다. 마틴 루터보다 100여 년 앞서 종교개혁의 불씨를 지핀, 보헤미아 출신의 성직자 얀 후스가 그 주인공. 부패하고 타락한 로마 가톨릭을 비판하며 맹렬히 맞서 싸우다가 결국 화형으로 삶을 마감했다. 그의 외침은 짓밟혔지만, 불꽃은 꺼지지 않았다.

순교한 지 500주년이 되는 1915년, 구시가지 광장에 청동 기념비가 들어서며 후스의 불길이 되살아난다. 중세 종교개혁자는 20세기로 넘어와 저항과 자유의 상징이 되었다.

프라하의 중심인 구시가지 광장

그의 동상 앞에서 어떤 이는 신념을 굳건히 다지고, 또 다른 이는 진실을 향한 의지를 다잡고, 누군가는 부패한 정권에 저항을 결심한다. 후스의 발치에 새겨진 "서로 사랑하라, 그리고 모두에게 진실을 염원하라."라는 글귀를 읽으면서. 보헤미아들의 저항에는 이토록 깊은 역사가 자리했다.

블타바강의 물결에 발맞춰 걷다 보니, 어느새 카를교에 다다랐다. 다리를 건너 프라하의 1980년대를 기록하고 있는 그래피티 벽으로 향했다. 단순 낙서라고 치부하기엔 그림의 수준이 상당히 높았다.

벽의 시작은 존 레논의 추모였다. 누군가가 텅 빈 벽에 〈이매진〉 가사를 남겼고, 그때부터 청년들은 자유와 평화에 대한 염원을 글로 쓰고 그림으로 새겼다. 그렇게 저마다의 이야기가 덧입혀진 존 레논 벽이 탄생하게 된 것이다.

벽은 지금도 현재진행형이다. 매일 새로운 기록이 담기고, 다채로운 그래피티가 그려지고 있다. 생명력을 잃지 않은 채 자유와 평화를 향한 메시지를 묵묵히 이어 나가고 있다.

새싹이 움트는 계절, 프라하의 봄이 저만치 깊어가고 있다.

아테네

아크로폴리스는 찬란했지만
아테네의 영광은 짧았다

Αθήνα

그리스 아테네 전경

"신들의 땅이자 민주주의의 요람, 아테네"

아테나 여신은 지혜롭고, 강인하며, 정의롭다. 그런 성정이 아테나를 아티카 지역의 수호신으로 이끌었다. 그리스 신화 속 아테나와 포세이돈은 아티카의 한 도시를 놓고 다툼을 벌인다. 수호신 자리를 차지하기 위한 신들의 팽팽한 힘겨루기가 이어졌다.

시민들은 도시에 유용한 선물을 가져다주는 신을 수호신으로 삼기로 약속한다. 포세이돈은 삼지창으로 땅을 찔러 샘물이 솟아나게 했고, 아테나는 그 땅에 올리브나무를 싹 틔웠다.

애초에 포세이돈은 아테나의 상대가 되지 못했다. 바다의 신 포세이돈이 만든 샘물은 소금을 머금었고, 아테나 시민들에게 바닷물은 그다지 유용하지 않았다. 시민들은 올리브나무를 선택했고 도시는 아테나에 헌정된다. 그곳이 바로 신들의 땅, '아테네'다.

높은 언덕 위의 도시 '아크로폴리스'는 고고했다. 어둠이 내려앉은 도시에 금빛 조명이 켜지자 고대 도시는 위용을 드러냈다. 은은한 달빛을 머금은 아크로폴리스 언덕은 더할 나위 없이 신비로웠다.

책으로 존재했던 역사를 현실 속 판타지로 마주한 기분이었다. 홀로 빛나는 언덕은 찬란했지만, 그만큼 외로워 보였다. 그 옛날, 철학을 논하고 신을 숭배하며 사상을 꽃피운 언덕이라고 상상하기 힘들 정도로 쓸쓸한 적막감이 감돌았다.

건축물 대부분이 허물어지고 파괴되어 앙상한 뼈대로 남았지만, 픽 실망스럽지 않았다. 그 자체로도 충분했다. 모든 건축물은 숨 막힐 정도로 완벽했으니까.

겨울바람을 맞으며 가파른 언덕을 올랐다. 하늘 위로 우뚝 솟은 새하얀 기둥이 눈에 들어왔다. 그토록 바라던 파르테논 신전을 마주한 것이다. 2,500년 역사의 무게가 얹힌 신전은 단단했고 아름다웠다.

파르테논 신전은 인류 역사상 가장 위대한 건축물, 아니 예술품으로 존재한다. 가로 31m, 세로 70m, 기둥 높이 10m에 이르는 신전은 직사각형의 비율로 완벽하게 설계되었다. 고대 그리스 시대, 수치를 정확히 계산해 건축에 대입한 것이다.

무엇보다, 파르테논 신전은 인간의 눈을 철저히 속이고 있다. 곡면과 곡선을 미묘하게 사용해 완벽한 직선 건축물로 보이도록 착시현상을 일으켰다. 그래서 얼핏 보기에는 직선같지만, 실제로는 곡선으로 이뤄진 정교한 작품이 바로 파르테논 신전이다.

기둥만 앙상하게 남은 파르테논 신전이지만, 그곳에는 아테네인들이 쌓아 올린 위대한 사상이 묵직하게 흐르고 있다. 그 가치를 알기에 세계문화유산 1호로 지정되었고, 유네스코를 상징하는 심벌마크로 상징화된다. 이토록 경이로운 건축물을 인류에게 남긴 설계자는 바로 페리클레스. 그는 아테네 민주주의를 확대하며 페리클레스 시대를 이끈 뛰어난 정치가였다.

세계문화유산 1호, 파르테논 신전

민주주의의 요람이라 불리는 아테네. 민주정이라는 견고한 탑은 여러 개혁을 거쳐 차곡차곡 쌓아 올려졌다.

기원전 6세기, 정치가 솔론은 빈부 격차로 발생하는 사회 불안을 해결하고자 시민들의 부채를 탕감하고 채무 노예를 해방하는 등 개혁을 단행했다.

클레이스테네스는 모든 시민에게 평등한 참정권을 부여했다. 무엇보다, 독재자의 출현을 막고자 도편추방제를 도입하면서 민주정의 토대를 다졌다.

그리고 페리클레스 시대에 이르러 아테네는 경제적, 정치적, 문화적 황금기를 맞이한다.

"소수의 독점을 배격하고 다수의 참여를 수호하는 정치체제, 그 이름을 민주주의라고 부릅니다. 이는 권력이 소수의 손이 아니라 전 국민의 손에서 나오기 때문입니다. 현재의 세대가 지금 우리에게 놀라듯이 미래의 세대 역시 우리에게 놀랄 것입니다."

_『펠레폰네소스 전쟁사』에 수록된 페리클레스의 추도연설

페리클레스는 연설의 천재였다. 뛰어난 연설로 모두를 감동시켰고, 민주정에 대한 희망을 품게 했다. 국가에 대한 찬양, 개인의 자유와 정치적 평등에 대한 감미로운 이야기로 넘쳐났다.

그렇게 페리클레스는 변덕스러운 아테네 시민들의 마음을 30년간 사로잡으며 탁월한 리더십을 선보였다.

아테네가 무너뜨린 아테네의 고귀한 정신

아테네 시민들이 걸었던 길을 따라 야트막한 프닉스 언덕에 올랐다. 2,500년 전 민회에 참여하기 위해 프닉스에 모였을 시민들을 상상했다. 아테네 민주정은 여러모로 흥미롭다. 시민의 덕목을 가르쳤지만, 시민의 자격은 한정 지었다. 아테네에서 시민은 오직 성숙한 남자들이었다. 그것도 아테네 자유인 부모 밑에서 태어난 아들이어야 했다. 그들을 제외한 여성과 외국인, 노예에겐 시민의 자격이 주어지지 않았다.

아테네의 직접 민주주의는 다수결의 원칙으로 투표가 이뤄졌지만, 명백히 다수의 의견은 아니었다. 소수가 모여 합의한 특정 집단의 의사결정이었으니까. 불완전하며 위태로운 민주주의였다.

자칫 잘못해 극단적 결론으로 다다를 여지가 충분했다. 시민 법정에서 자행된 소크라테스의 사형 선고처럼. 당시 아테네 시민들은 민주정을 비판하는 소크라테스가 몹시도 거북했다. 그래서 아테네가 신봉하는 신들을 믿지 않으며 청년들을 타락시킨다는 이유로 소크라테스를 법정에 세웠다. 기원전 399년, 끊임없이 질문을 던진 철학자는 아테네 시민들의 투표에 의해 목숨을 빼앗겼다.

민주주의는 아테네의 '데모크라티아(Demokratia)'에서 유래한다. 말 그대로 번역하면 '민중(Demos)에 의한 지배(Kratos)'다. 투표를 통해 합의를 이루는 건 시민의 권리다. 선택에는 책임이 뒤따른다. 그러니 결과에 책임지는 것 역시 시민의 몫이다.

소크라테스의 죽음은 아테네 민주주의가 감춰온 검은 그림자를 여실히 드러냈다. 아테네가 쌓아 올린 고귀한 정신을 무너뜨린 건 아테네 자신이었다. 아크로폴리스가 담은 찬란한 문명에 비해, 아테네의 영광은 너무나 짧았다.

베네치아

무의 도시에서
문명이 흐르는 물의 도시로

Venezia

이탈리아 베네치아 전경

"그 옛날, 사람들은 베네치아를 세상의 다른 곳이라고 불렀다"

도시 자체가 하나의 수식어가 되기란 쉽지 않다. 그 어려운 타이틀을 수백 년간 지켜온 도시가 있다. 물의 도시, '베네치아'다.

　이탈리아 북부에 있는 베네치아는 118개의 크고 작은 섬으로 이뤄진 운하 도시다. 섬과 섬을 연결하는 378개의 다리와 150여 개의 운하를 중심으로 좁은 골목과 광장, 건물들이 오밀조밀 이어져 있다. 바다 위에 떠 있는 도시를 상상하면, 자연스레 베네치아가 떠오른다.

　세상의 모든 아름다움을 흡수한 이 도시에도 없는 게 있다. 이탈리아에 차고 넘친다는 고대 로마제국의 유적이 바로 그것. 유럽, 아프리카, 중동 어딜 가든 로마의 흔적이 남아 있지만, 베네치아는 로마의 후예임을 증명할 어떤 유적도 보유하고 있지 않다.

　몰락의 역사에서 이유를 찾을 수 있다. 서로마제국이 무너질 때 생겨난 도시가 베네치아이기 때문이다.

　476년, 천년 왕국이라 불렸던 로마제국이 멸망한다. 가장 큰 역할을 한 세력은 게르만족과 훈족이었다. 잔혹하기 이를 데 없는 이민족들이 로마를 향해 진격해왔고, 로마는 막아낼 힘이 없었다.

　서로마제국은 황망히 무너졌다. 훈족의 무자비한 침략에 사람들은 혼란과 공포에 빠졌다. 산을 오를 수도, 길을 따라 도망갈 수도 없었다.

선택지조차 없던 이들에게 유일한 희망은 바다였다. 절망 속에 찾은 한 줄기 빛이라고 해야 할까.

더 피할 곳 없는 이들은 서 있기조차 힘든 석호 위에 토대를 다져 땅을 쌓아 올렸다. 조수 간만의 차가 심해 특이한 개펄 구조가 형성되었고, 미로처럼 복잡한 해로가 만들어졌다. 그래서 섣불리 배를 운항하다가 좌초되기 일쑤였다.

그 어떤 민족도 배를 타고 베네치아를 침공하지 못했다. 그렇게 많은 이가 바다에서 삶을 이어갔고, 도시는 세상의 유일무이한 역사를 쌓아갔다.

시작은 불안했고 위태로웠다. 하지만 척박한 환경 속에서도 살아갈 희망은 있다고, 베네치아는 포강과 아드리아해가 만나는 지리적 위치를 적극 활용하기로 결심한다. 유럽과 비잔틴제국, 아시아를 연결하는 해상무역을 담당한 것이다.

특히 비잔틴제국과 활발한 무역을 했고, 비잔틴제국의 값비싼 물품을 가져와 팔기 시작했다. 그중 베네치아에 엄청난 부를 가져다준 효자 상품이 있다.

당시, 황금만큼이나 귀했던 후추. 이 향신료는 유럽 전역에서 고가에 판매되었고, 베네치아는 해상무역을 독점하며 지중해를 제패했다. 윌리엄 셰익스피어의 희곡 『베니스의 상인』의 제목('베니스'는 '베네치아'의 영어 이름이다)이 괜히 나온 게 아니었다.

중세 교역을 통해 막대한 부를 축적한 베네치아는 도시에 더 많은 배가 정박할 수 있는 항구와 무역품을 보관할 건물의 필요성을 깨닫는다. 부유해진 공화국을 아름답게 꾸미고 싶은 열망도 강해진다. 그래서 섬과 바다가 만나는 곳에 인공 섬들을 만들며 도시를 확장해 나갔다.

먼저, 석호에 나무 말뚝을 박고 그 위에 모래를 쌓아 벽돌을 올려 누른다. 그리고 돌을 깔아 바닥을 만들고 나서 건물을 안정적으로 올린다. 섬과 섬은 다리로 연결했고, 수많은 운하가 도시를 이어주는 길이 되었다. 인간의 필요에 의해 바다 위에 인공 섬들이 세워진 것이다.

베네치아를 관통하는 대운하가 자리 잡으며 S자로 놓인 물길을 따라 세 개의 다리가 세워진다. 그중 가장 유명한 랜드마크는 리알토 다리가 아닐까 싶다.

그 옛날, 리알토 지역은 시장과 상점들로 북적이는 상거래 핵심 지구였다. 상업이 활발하게 이뤄지며 언제나 사람들로 붐볐다. 그러다 보니, 상권을 지탱해주는 튼튼한 다리가 필요했다.

베네치아 당국은 리알토 다리 설계 공모전을 연다. 여기에 르네상스 3대 거장인 미켈란젤로 부오나로티를 포함한 유명 예술가들이 대거 참여하면서 공모전의 열기는 한층 뜨거워졌다.

치열한 경쟁 끝에 리알토 다리 건설권을 따낸 건축가는 안토니오 다 폰테. 이름에 다리(폰테)가 들어간 건축가답게, 베네치아 최초의 석조

베네치아 최초의 석조 다리, 리알토

다리를 아름답고 우아하게 탄생시켰다.

　리알토가 상업 중심지였던 만큼 그 일대는 다양한 정보와 무수한 소문이 활발하게 떠돌았다. 『베니스의 상인』에서 "요즘 리알토에는 어떤 소식이 돌고 있나?"라는 대사가 맥락 없이 나온 건 아니었다.

　베네치아는 무역으로 먹고살던 도시였다. 눈치 빠른 상인들은 무역에서 가장 중요한 게 정보력이라는 사실을 깨닫는다. 더 많은 정보를 얻고자 다른 나라의 언어를 배우고 문화를 받아들이는 데 주저함이 없었다. 그렇게 베네치아는 일찌감치 동서양의 문물을 다루며 다양한 문화가 공존할 수 있는 토대를 형성했다.

　지식인들은 앞다퉈 개방적인 분위기의 베네치아로 모여들었고, 그들 덕분에 학문과 지식이 집대성된다. 즉 철학, 역사, 예술, 요리, 의학, 음악 등에 이르는 다양한 서적들을 출판할 수 있는 기반이 마련된 것이다. 서적들은 여러 언어로 번역되었고 배에 실려 유럽 각지로 배송되었다.

　16세기 초 유럽에서 인쇄된 책의 절반가량이 베네치아에서 출간되었다. 심지어 다른 도시에선 종교적 이유로 출판되지 못하는 책들도 베네치아에선 자유롭게 유통되었다.

　그렇게 물의 도시 베네치아는 출판의 르네상스를 이끌며, 명실상부 책의 도시로 자리매김했다. 그런 의미에서, 문명의 전령인 책과 함께 문화를 수출한 베네치아의 상인은 진정한 상인이었다.

　그 옛날, 사람들은 베네치아를 알테르 문디, 세상의 다른 곳이라고 불렀다. 그 어디에도 베네치아 같은 도시는 없었다. 아무것도 없는 개펄에 나무 말뚝을 박아 쌓아 올린 도시였다.

인고의 세월이 빚은 땅은 치열한 투쟁과 삶에 대한 의지로 가득했다. 지난한 생존의 역사를 딛고 예술과 문화를 쌓아 올렸다. 르네상스의 인문 정신을 담은 책들을 전 유럽으로 확산시켰다.

베네치아는 세상을 읽었고 다양성을 받아들였다. 무모한 '무'에서 시작했기에, 미지의 '유'를 창조하는 데 주저함이 없었다. 사람들은 자유로웠고 욕망에 솔직했다. 이 땅에서 하고자 하는 일, 이루고 싶은 목표가 분명했으니까.

늘 그렇듯 1월이 되면, 베네치아가 떠오른다. 세상을 살아가는 또 다른 방식이 있다는 걸 알려준 이 도시의 생명력과 거센 파동을 다시금 곱씹는다.

베네치아

고귀한 도시의
끝나지 않은 화려한 과거

Venezia

이탈리아 베네치아 전경

"베네치아는 언제나 고귀함으로 가득 차 있을 것이다"

스산한 겨울이 떠나갈 때가 되면, '베네치아'는 황금빛으로 채색된다. 뿌연 안개가 흩어지고 황금빛 가면이 거리를 밝히면, 그날이 왔음을 알린다. 세계 10대 축제로 꼽히는 베네치아 가면 페스티벌이다.

새해의 베네치아는 추위를 잊게 만든다. 시민들은 형형색색의 가면을 장식하느라 분주하고, 이방인은 눈앞에 펼쳐질 카니발을 기대하며 눈을 반짝인다.

바라보는 이의 설레는 눈빛과 즐기는 이의 우아한 몸짓이 공존하는 그날의 베네치아는 영롱하게 빛난다.

베네치아 카니발은 매년 1월에서 2월 사이, 사순절 전날까지 약 2주간 진행된다. 유럽 각국에서도 지역 전통에 따라 카니발을 즐긴다. 하지만 그 어떤 도시도 베네치아 카니발의 재미와 명성을 따라가지 못한다. 틀에 박힌 제도와 규칙에 얽매이는 걸 당당히 거부한 베네치아인으로부터 이유를 찾아볼 수 있다.

사람들은 가면을 쓰고 정체를 철저히 숨긴다. 카니발 동안 신분은 은닉되고 계급은 가면 뒤에 가려진다. 가면 쓴 자가 귀족인지, 시민인지, 외국 상인인지 알 수가 없다.

사회적 지위 때문에 할 수 없었던 행동과 하지 못했던 이야기를 마음껏 표현할 자유를 얻는다.

그뿐만 아니라, 귀족을 골탕 먹이거나 지도층을 희화화하는 그 어떤 행동도 처벌받지 않았다. 가면에 숨어 누구든 평등하게 표현의 자유를 만끽할 수 있었다. 익명성이 보장된 정직한 일탈의 시간이었다.

계급이 존재하는 사회에서 자신을 자유롭게 표현할 수 있다는 것, 그것만큼 달콤한 재미가 또 있을까. 꾸역꾸역 억누르고 있던 예술혼은 카니발에서 터져 나왔다.

그날만큼은 화려한 드레스를 입은 고고한 공작부인이 되었다가, 썰매를 끄는 루돌프로 변신했다가, 바다를 호령한 상인 행세를 했다. 가면의 힘을 빌려 한껏 자신감을 드높인다.

그러다 보니 가면의 외모도 의미도 제각각이다. 그중 유독 눈에 띄는 가면이 있다. 흑사병을 치료하던 의사들이 쓴 가면 '메디코 델라 페스테'다. 중세 시대, 수많은 이의 목숨을 앗아간 페스트로부터 의사를 보호하기 위해 만들어진 가면이다.

페스트 의사들은 검은 모자에 긴 망토로 온몸을 덮고, 새 부리 모양의 가면을 쓰고, 흰 장갑과 지팡이를 사용했다. 환자를 치료하고 감염을 막기 위해 예방 차원에서 사용했던, 당시의 유일한 마스크이자 방호복이었던 것이다.

산 마르코 광장과 곤돌라

———— **화려한 과거는 아직 끝나지 않았다**

　무수히 흩어져 있는 가면들을 한눈에 담을 수 있는 공간이 있다. 나폴레옹이 세상에서 가장 아름다운 응접실이라고 표현한 산 마르코 광장이다. 카니발 시즌이 되면, 사람들은 광장을 무도회 삼아 저마다 개성 넘치는 가면과 의상을 뽐낸다. 볼 것투성이로 가득한 카니발은 지루할 틈이 없다.

　무엇보다, 산 마르코 광장의 종탑 꼭대기에서 천사가 내려오는 '볼로 델란젤로 행사'와 마지막 주말 열리는 '아름다운 가면 경연 대회'는 베네치아 카니발의 백미라 할 수 있다.

광장의 새하얀 대리석 바닥과 그 뒤로 펼쳐진 푸른 바다는 지나치게 아름다웠다. 그러다 출렁이는 파도에 제 몸을 의지한 채 유영하는 곤돌라에 눈길을 빼앗겼다. 곤돌라는 물의 도시 베네치아와 떼려야 뗄 수 없는 운명 공동체가 아닐까 싶다.

곤돌라가 기록으로 처음 등장한 시기는 1094년. 당시 곤돌라는 가장 중요하고도 유일한 교통수단이었다. 전성기에는 약 1만 대의 곤돌라가 운영되었고, 현재 약 400대의 곤돌라가 운하를 가로지르고 있다.

곤돌라는 장인들의 철저한 분업으로 건조되는데, 수개월에 걸친 완전 수작업 형태로 제작된다. 그렇게 장인의 손을 거쳐 완성된 곤돌라는 값을 매길 수 없을 정도의 값어치를 지닌다.

곤돌리에(곤돌라의 사공)의 그림자가 바다에 길게 내려앉은 해 질 무렵, 잔잔한 수면 위를 미끄러지듯 유영하는 곤돌라에 몸을 실었다. 노를 젓는 곤돌리에의 자세는 안정적이었고 단단했다. 운하를 가로질러 만난 바다는 노을빛으로 넘실거렸다.

빛이 만들어낸 자국은 화려했다. 금빛 물결로 일렁이는 바다와 거리를 메운 형형색색의 가면이 베네치아를 영롱하게 물들여 갔다. 정돈되지 않는 자유로운 색채의 향연이었다. 베네치아의 모든 것이 빛으로 빚어진 듯했다.

과거의 베네치아는 화려했다. 베네치아 공화국의 정식 명칭만 봐도 알 수 있다. '가장 고귀한 공화국 베네치아'라고 불린 베네치아다.

중세 시대 지중해 무역을 제패했고, 유럽 최고의 부국으로 번영했으며, 약 1천 년 동안 존속된 공화국이 바로 베네치아다. 기록의 역사가 뒷받침한다.

이 도시의 화려한 과거는 아직 끝나지 않았다. 섬세한 수공예 작업으로 제작된 가면과 의상으로 수놓은 카니발은 베네치아의 품격을 드높였다.

무엇보다, 도시의 가치를 이어가고 역사를 전승해 가려는 시민들의 의지가 총명하게 빛났다. 축제를 예술로 승화시킨 시민들이 있기에, 베네치아는 언제나 고귀함으로 가득 차 있을 것이다.

황금빛 야경이
도나우강을 따라 흐르는

Budapest

헝가리 부다페스트의 중심 전경

"밤의 부다페스트는 한낮의 태양처럼 환하고 밝았다"

도나우강을 사이에 두고 언덕인 부다와 평지인 페스트가 합쳐진 도시, '부다페스트'. 중세 시대에 형성된 도시가 으레 그러하듯, 언덕은 귀족들의 영역이었고 평지는 서민들의 생활권이었다. 두 지역을 잇는 다리가 없던 그 시절, 유일한 연결 수단은 배였다.

다리를 지을 건축 기술이 부족했던 것도, 자본이 없었던 것도 아니었다. 굳이 이유를 꼽자면, 필요의 부재라고 할까. 도나우강을 사이에 둔 부다와 페스트는 독립된 지역이었고, 서로 다른 문화권이었다.

사람들은 배를 타고 부다와 페스트를 건너가야만 했고, 설상가상 비바람이 불면 배가 뜨지 못해 이동 자체가 어려웠다. 도나우강을 건너지 못한 이들은 배가 뜨기를 하염없이 기다려야 했다.

그 기다림의 인파 속에 가장 위대한 헝가리인으로 칭송받는 세체니 이슈트반 백작도 있었다. 아버지가 위독하다는 소식을 접한 백작은 강을 건너가야 했지만, 악천후로 배가 뜨지 못했다. 오도 가도 못한 채 꼼짝없이 발이 묶인 것이다.

물살이 잦아들기를 기다리다가 도착했을 때는 이미 늦었고, 백작은 아버지의 임종을 지키지 못했다. 그 일이 한이 된 백작은 부다와 페스트를 연결하는 최초의 다리를 짓기로 결심한다.

다리 설계는 건축가 윌리엄 클라크에게 맡겨졌고, 그와 성이 같은 또
다른 엔지니어 아담 클라크가 공사를 진두지휘했다. 10년에 걸친 공
사 끝에 1849년, 백작의 이름을 딴 세체니 다리가 들어섰다.

길이만 375m에 달하는 세체니 다리는 당시 유럽에서 가장 긴 다리
이자, 두 개의 교탑에 사슬형 철재가 매달린 부다페스트 최초의 현수
교였다. 케이블 곡선 위에 달린 전구의 모습이 마치 사슬처럼 보인다
고 해서, 사슬 다리라고도 불렸다.

세체니 다리는 부다와 페스트의 경계를 허물었을 뿐만 아니라, 도시
에 새로운 활기를 불어넣었다. 1873년 부다와 페스트, 오부다 지역은
마침내 부다페스트라는 하나의 도시로 통합된다. 그리고 성 이슈트반

대성당, 영웅 광장, 오페라하우스, 세체니 온천 등 대규모 건축물들이 들어서며 본격적인 도시 개발이 시작되어 부다페스트를 도나우강의 진주이자 유럽 3대 야경 명소로 자리 잡게 했다.

그 중심에는 국회의사당이 있다. 헝가리 건국 1천 년을 기념해 세워진 국회의사당은 민족의 자긍심과 국가의 위엄이 투영된 기념비적인 건축물이다. 일단 규모부터 압도적이다. 길이 268m, 폭 123m, 높이 96m로 세계에서 두 번째로 큰 국회의사당에 이름을 올렸다.

규모만큼 건축 양식도 다채롭다. 고딕, 르네상스, 바로크 등의 양식을 융합해 디자인되었다. 건축의 구심점이 되는 중앙에는 커다란 돔을 얹고, 돔 주변에 365개의 뾰족한 첨탑을 세웠다. 365개의 첨탑은 1년을 상징한다. 1년 내내 오로지 국민을 생각하는 마음으로 일하라는 바람을 상징적으로 표현한 건 아닐까 싶다.

───────── 부다페스트의 숨 막히는 야경

차디찬 바람을 맞으며 세체니 다리를 걸었다. 공명하듯 이 공간을 떠도는 아련한 피아노 선율이 발걸음을 멈추게 했다. 헝가리 출신의 무명 작곡가 레조 세레스의 곡 〈글루미 선데이〉.

그는 사랑하는 연인이 자신을 떠나자 실연의 아픔을 견디지 못했고, 우울하고 절망적인 감정을 담은 〈글루미 선데이〉를 작곡했다. 사랑을 잃은 상실감과 외로움이 사무치게 와 닿은 걸까.

수많은 이가 〈글루미 선데이〉를 듣고 목숨을 끊는 비극적인 일이 터진다. 당시 자살한 사람들의 수만 100명이 넘었다. 작곡가 레조 세레스 역시 자신의 음악을 들으며 자살로 생을 마감했다. 헝가리 정부는 이 곡을 듣지도 연주하지도 못하게 했고, 〈글루미 선데이〉는 죽음의 멜로디로 남겨진다.

구슬픈 피아노 선율을 떨쳐내고, 세체니 다리를 건너 부다 지구로 향했다. 서민들의 활동 무대였던 페스트가 젊고 활기찼다면, 왕과 귀족의 거주지였던 부다는 고즈넉하고 우아했다. 노을이 지고 완연한 어둠이 찾아오자, 강 건너편에 자리한 국회의사당의 불이 커졌다.

가까이 마주할 때는 보이지 않던 것들이 멀어지고 나서야 영롱한 빛으로 자신의 존재를 선명히 드러냈다. 더 이상 길어 올릴 감동이 없으면 어떡하나 싶을 정도로 숨 막히는 야경이 펼쳐졌다.

부다페스트는 밤이 되면 본연의 색을 벗어버린다. 잿빛 건물은 정체를 감추고 황금빛 조명이 거리를 촘촘히 수놓았다. 세체니 다리와 국회의사당을 넘실거리던 빛이 도나우강으로 무심히 내려앉았다. 그러자 잔잔한 물결 위로 황금빛 실루엣이 점점이 떠다녔다.

밤의 부다페스트는 아주 한낮의 태양처럼 환하고 또 밝았다.

2부
찬란한 예술을 입은 도시

Humlebaek

Barcelona

Brussels

Paris

Verona

Oslo

Lisbon

Firenze

Granada

Nürnberg

훔레벡

가장 아름다운 미술관이
자연을 보관하는 법

Humlebaek

덴마크 훔레벡의 루이지애나 현대미술관 앞

"작품과 자연이 그 어떤 경계도 없이 어우러졌다"

루이지애나의 첫인상은 고요와 평온이었다.

코펜하겐에서 약 35km 떨어진 작은 시골 마을, '훔레벡'. 그곳에서 바다를 품은 루이지애나 현대미술관을 만났다.

교양의 영역이라 여겼던 미술관에서 '보는 즐거움'을 온전히 즐겼다. 이곳은 작품을 한정 짓지도, 배움을 강요하지도, 동선을 제약하지도 않았다. 그저 해사한 미소를 건네왔다.

그 다정한 손길에 입꼬리가 올라가며 무장해제 되어버렸다. 미술관에서 느낀 첫 안녕감이었다.

루이지애나는 미술관스럽지 않았다. 담쟁이덩굴로 뒤덮인 건물은 소박했고, 오래된 고택처럼 포근했다. 원래 이곳은 알렉산더 부룬이라는 고위 관료의 저택이 있던 부지였다.

미술 애호가였던 크누드 옌센이 이 땅을 사들여 자신의 소장품을 전시하는 미술관으로 탈바꿈시킨다. 그는 가까이서 미술을 보고, 느끼고, 즐길 수 있는 공간을 바라왔다. 젊고 창의적인 건축가인 요르겐 보와 빌헬름 워럴트에게 미술관 설계를 맡긴다.

옌센의 심미안은 탁월했다. 마치 그의 마음을 들여다본 것처럼, 두 젊은 건축가는 하늘과 바다, 땅을 품은 '세상에서 가장 아름다운 미술관'을 완성한다.

아득한 수평선과 광활한 지평선이 어우러진 공간에 무심하게 들어선 미술관은 더할 나위 없이 완벽했다. 오랜 시간에 걸쳐 세심하게 지어진 건물다웠다.

무엇보다, 루이지애나는 단순히 '예술을 전시하는' 공간이 아닌 미술관 그 자체가 '자연의 일부'처럼 존재했다. 자연이 주제가 된 살아 있는 전시를 건축물로 선보인 것이다.

유럽은 박물관 투어라고 이야기할 정도로 유서 깊은 박물관과 미술관들이 넘쳐난다. 봐야 할 작품은 많고 시간은 부족하다 보니, 숨 돌릴 틈 없는 관람이 이어진다. 그림과 친해질 만하면 서둘러 전시실을 이동해야 했다.

어느 순간 그림에 피로감이 쌓인다. 어디서 무슨 작품을 봤는지, 그 작품이 어디에 있는지 감각이 무뎌진다. 머리가 지끈거리는 순간이 종종 찾아온다.

하지만, 루이지애나는 달랐다. 이곳에 발을 디디는 순간, 여태껏 경험하지 못한 평온함에 사로잡혔다.

루이지애나 현대미술관은 본관에서 세 개의 분관으로 연결되어 있다. 서로 다른 공간에 자리한 전시실들을 하나로 이은 건, 통유리로 설계된 회랑. 현대 미술을 관람하다 지칠 때쯤, 초록빛이 보드랍게 반겨온다.

미술관을 걷고 있지만 마치 숲속을 산책하는 기분에 사로잡힌다. 실내와 실외를 구분 짓지 않은 설계로, 창틀이 액자가 되고 자연이 작품이 되는 공간이 꾸밈없이 펼쳐진다. 인공의 색에서 벗어난 눈은 자연의 색에서 잠시 휴식을 취한다.

따사로운 햇살을 등에 업고 나무와 바다, 그 품에 자리한 조각 사이를 어슬렁거렸다. 무심히 흘러가는 시간을 붙잡고 싶어질 정도로 안온한 풍경이었다.

루이지애나 현대미술관 내
알베르트 자코메티 방의
〈걷는 사람〉

알베르토 자코메티 방에서 잠시 호흡을 멈췄다. 복층의 전시실에는 〈걷는 사람〉만이 홀로 존재했다. 조각은 걷는 자세를 취한 채 멈춰 있고, 그 뒤로 거대한 유리창이 생동하는 자연을 그려낸다.

버드나무가 늘어진 호수와 아침 햇살 머금은 하늘이 프레임에 오롯이 담겼다. 걷지만 걷지 않는 조각 뒤로, 시시각각 변모하는 풍경이 펼쳐진다. 싱그러운 봄과 푸릇한 여름, 붉은빛 가을과 눈 덮인 겨울을 그리는 유리창은 세상에서 가장 아름다운 액자가 되어준다.

자코메티의 조각은 미술관에서 수없이 봐왔지만, 이곳만큼 특별하게 다가온 적은 없다. 마치 이 공간을 위해 빚어낸 조각 같다고 할까. 걸어가는 사람이 미술관의 내일을 움직이게 하는 것처럼, 미술관은 작가의 작품을 예술적으로 전시했다.

야외로 연결된 문을 열고 나가면 북해가 펼쳐진다. 언덕에는 헨리 무어의 〈누워 있는 인체〉 청동 조각이 파도에 넘실거리듯 놓여 있고, 카페 앞 정원에는 알렉산더 칼더의 〈움직이는 모빌〉이 바람에 휘날린다.

작품과 자연이 경계 없이 어우러졌다. 설치미술을 보는 동선에 막힘이 없다. 드넓은 공원에 띄엄띄엄 놓은 조형물들 덕분에 관람객은 작품을 다각도로 감상할 자유를 얻었다. 미술관은 조각을 공간으로부터 해방시켰고, 관람객의 시선을 프레임 밖으로 확장시켰다.

잔디밭에 풀썩 주저앉아 느긋하게 휴식을 취했다. 미술관이 아닌 공원에 온 것 같은 착각이 든다. 외레순 해협에서 수영하고, 카페테리아에서 브런치를 먹고, 벤치에 앉아 책을 읽고, 잔디에 누워 일광욕을 한다.

루이지애나에는 저마다의 방식으로 미술관을 즐기는 사람들로 넘쳐난다. 누구나 산책 오듯 가볍게 왔다가 하루를 온전히 보내는 일상의 공간으로 다가왔다. 새들의 지저귐, 울창한 나무숲, 그리고 코끝으로 불어오는 바다 내음까지.

나를 둘러싼 모든 것이 하나의 피사체로 담긴다. 관람객의 시선에 들어찬 모든 풍경이 작품이 되는 미술관, 루이지애나는 자연을 가장 아름다운 모습으로 보관했다. 감상의 즐거움이 빈틈없이, 충만하게 채워져 갔다.

가우디의 건축물은
바르셀로나의 여름빛을 닮았다

Barcelona

스페인 바르셀로나의 구엘공원 광장 전경

"푸릇푸릇한 바르셀로나에서 자연을 닮은 건축물을 만났다"

그해 '바르셀로나'는 푸릇푸릇했다.

여름의 기운이 싱그럽게 스며들었다. 눈부신 그날의 여름빛이 선연하다. 그곳에서 자연을 닮은 건축물을 만났으니까.

그 울창한 품에 폭 감싼 순간 감정이 말랑말랑해졌다. 부질없는 생각은 스쳐 지나가고 안온한 마음만이 감돌았다. 첫눈에 반해 한순간에 빠져든 그곳은 사그라다 파밀리아 대성당. 이 건축물을 설계한 사람은 빛의 마술사 안토니 가우디 이 코르네트다.

"우리가 지금 건축사라는 칭호를 천재에게 주는 것인지, 아니면 미친놈에게 주는 것인지 도저히 모르겠다." 가우디가 건축학교를 졸업할 때 학장으로부터 건네받은 문장이다.

가우디는 남들보다 한 박자 느린 아이였다. 어릴 적부터 선천성 관절염을 앓던 그는 무척 병약했다. 학교에 가지 못해 집에서 홀로 외로움을 삼키는 날이 잦았다. 그런 가우디에게 유일한 친구는 숲이었다.

그는 자연 속에서 산란하는 햇빛과 바람의 흐름, 곧게 뻗은 나뭇가지와 생동하는 식물을 관찰했다. 유년 시절의 경험은 쌓이고 쌓여 가우디의 단단한 뿌리가 되었다. 건축에 자연의 빛과 곡선의 형태를 아름답게 담아냈으니까. 가우디의 페르소나는 자연이었다.

87

학교는 가우디의 상상력을 담을 그릇이 되지 못했다. 이 문제적 건축 학도가 천재였음을 증명하는 데 그리 오랜 시간이 걸리지 않았다. 가 우디는 자신의 잠재력을 한눈에 꿰뚫어 본 후원자를 만난다. 평생의 친구가 되어준 에우세비오 구엘이다.

당시 구엘은 바르셀로나의 떠오르는 사업가였다. 막대한 재산을 모 은 그는 자신의 꿈을 실현해줄 건축가를 찾고 있었다. 그때 구엘의 눈 에 띈 이가 바로 청년 가우디다. 구엘은 뛰어난 감각의 소유자였던 게 분명하다. 파리 만국박람회에서 가우디가 제작한 진열장을 보고 한눈 에 그의 가능성을 알아봤으니까.

젊은 건축가와 후원자가 만나 평생의 친구가 되었다. 구엘은 가우디 의 재능과 열정을 믿고 지지했다. 가우디가 꿈꾸는 세계를 마음껏 펼 쳐보라며 후원을 아끼지 않을 정도로. 그 단단한 믿음이 가우디를 꽃 피웠다.

람블라스 거리에는 가우디와 구엘이 품은 예술적 건축물이 있다. 빛 의 우물을 설계한 구엘 저택이 바로 그곳. 거대한 철문을 열고 들어서 는 순간 빛이 은은하게 쏟아졌다. 그 몽환적인 흐름에 사로잡혀 시선 이 자연스레 높은 곳으로 향했다.

가우디는 천장에 무수히 많은 구멍을 뚫어 인위적인 공간에 생동하 는 자연을 들였다. 공간에 스며든 자연의 빛은 음표처럼 산란했다. 화 려하고 고풍스러운 실내 장식보다 더 눈부신 건 빛이었다.

그러다 동화적 상상력을 자극하는 옥상에 시선이 갔혔다. 벽돌과 깨진 타일을 이어 붙인 굴뚝은 원색의 다채로움으로 가득했다. 서로 다른 모양과 색을 지닌 가우디만의 세상 같았다.

자연에는 곧은 직선이 존재하지 않는다. 그래서 가우디는 직선은 인간의 선이고, 곡선은 신의 선이라 믿었다. 신이 만든 자연은 모두 곡선으로 이뤄졌으니까. 그것도 완벽하게 부드러운 곡선으로.

─────── **자연을 그대로 가져온, 자연을 사랑한 가우디**

자연을 닮은 건축, 가우디가 꿈꾼 유토피아이기도 했다. 그래서 나무와 풀, 바람과 하늘을 건축에 옮겨 담았다. 가우디의 자연 친화적 건축 철학을 온전히 품은 공간이 있다. 미완성이지만, 그 자체로 완전한 구엘 공원이다.

그라시아 지구의 비탈진 언덕에 자리한 구엘 공원은 바르셀로나 시가지와 지중해가 한눈에 담기는 완벽한 공간이었다. 구엘은 이곳에 고급주택을 지어 분양할 계획을 세운다. 주택과 정원, 광장과 시장 등 상업 시설이 모여 있는 신흥 부자들을 위한 타운하우스였다. 이 야심 찬 프로젝트를 실현해줄 건축가는 당연히 가우디였다.

구엘은 가우디를 위한 상상의 공간을 마련해줬고, 가우디는 자신이 꿈꿔온 유토피아를 마음껏 펼쳐 보인다. 먼저, 경사진 언덕 구조를 파악해 자연의 흐름에 유순하게 따라갔다. 가우디는 산의 경사와 굴곡을 해치지 않았다.

구엘 공원은 반듯하지 않고 삐뚤다. 모든 게 둥글고 부드러운 곡선으로 이뤄져 있다. 건물을 지탱하는 기둥은 자연석을 사용해 비스듬히 기울어져 있고 나무가 자라고 있으면 자라는 대로 길을 만들었다.

자연을 사랑한 가우디는 자연의 것을 그대로 가져왔다. 그는 누구보다 재활용에 적극적인 건축가였다. 공사하면서 나온 돌들로 산책로를 떠받치는 단단한 구조물을 세우고 버려진 타일 조각을 쪼개 문양을 장식했다.

빗물도 예외는 없었다. 가우디는 물이 공원을 자연스레 순환하도록 설계했다. 광장에 내린 빗물은 신전을 떠받치는 기둥을 타고 내려가 지하 저수조에 모여든다. 그렇게 저장된 물은 조각의 입을 거쳐 아래로 흘러 내려간다. 자연과 한 몸이 되고자 했던 가우디의 건축 세계를 여실히 보여주는 공간이라 할 만했다.

안타깝게도 구엘의 대규모 주거단지 프로젝트는 분양되지 못한 채 실패로 끝난다. 그렇다고 완전한 실패는 아니다. 구엘에겐 뼈아픈 손해일지 몰라도 매년 수많은 관광객이 찾아오는 공원으로선 엄청난 성공을 이뤘으니까.

가우디의 창조적인 설계는 사그라다 파밀리아 대성당에서 빛을 발했다. 울창한 숲으로 둘러싸인 빛의 성전은 성스럽고도 신비로웠다. 나무처럼 곧은 수십 개의 기둥이 높이 뻗어 있고 그 기둥에서 나뭇가지들이 갈라져 나와 잎사귀 모양의 천장으로 이어졌다.

현재진행형, 사그라다 파밀리아 대성당

무엇보다, 스테인드글라스를 통과한 자연의 빛이 오색찬란하게 쏟아져 내렸다. 모든 순간이 성스럽고도 찬란했다. 그때의 울림이 쉽게 잊히지 않을 정도로. 성당 건축을 위해 일생을 바친 가우디가 어렴풋이 그려졌다.

사그라다 파밀리아 대성당 건축가로 임명된 31살의 가우디는 정신없이 바쁜 와중에도 성당 건축을 최우선으로 여겼다. 그렇게 43년을 오롯이 성당 공사에 매진했다. 마지막까지도 성당과 함께였다. 온 마음을 쏟아부은 성당은 그의 영원한 안식처가 되었다.

가우디가 잠들어 있는 사그라다 파밀리아 대성당은 여전히 현재진행형이다. 자연을 담은 가우디의 세계는 훼손되지 않은 채 고스란히 전해졌다. 100년이 지난 지금까지도 후배 건축가들에 의해 차근차근 지어지고 있으니까.

가우디의 숭고한 영혼이 숨 쉬는 한 그의 건축은 언제나 눈부실 것이다. 바르셀로나의 싱그러운 여름빛처럼.

독창적이고 우아한
유럽의 작은 수도는 야무지다

Brussels

벨기에 브뤼셀의 중심 전경

"브뤼셀은 손에 잡힐 듯 작지만, 작지 않다"

'브뤼셀'은 늘 뜻밖이다.

새롭고 독창적이지만, 고전적이고 우아하다. 어디서 튀어나올지 모르는 매력 덕분에, 늘 통통 튄다. 예측할 수 있다 싶으면, 뜻밖의 뭔가를 맞닥뜨린다.

작은 나라 벨기에가 유럽의 수도가 된 데는 그만한 이유가 있다는 걸 작정하고 알려준다.

브뤼셀 1000번지라 불리는 넓은 광장을 찾은 건 순전히 빅토르 위고 때문이었다. '세상에서 가장 아름다운 광장'이라고 극찬한 브뤼셀의 중심, 그랑플라스. 여행자에게 이곳은 브뤼셀 여행의 시작점과 끝점이기도 하다.

중세 고전미가 흐르는 직사각형 광장에는 높이 96미터의 첨탑이 세워진 시청사가 중심에 있고 법원과 감옥으로 사용된 왕의 집과 상인들이 만든 조합인 길드 하우스가 허리를 꼿꼿이 세우고 있다. 지난날의 영광을 기억하듯이.

브뤼셀 하면 생각나는 모든 게 그랑플라스에서 시작되었다. 중세 시대, 벨기에는 모두가 탐내는 황금의 삼각지대였다. 독일, 프랑스, 네덜란드, 룩셈부르크와 국경을 접했으며, 대서양과 북해 연안에 대형 선박의 물자 운송을 가능케 했다.

이러한 지정학적 위치는 벨기에에 여러모로 유리하게 작용했다. 국가 간 교역이 활발히 이뤄지며 무역 거점으로 번영하게 된 것이다. 그 중심에는 상공업자들이 모여 만든 조합인 길드, 그리고 그랑플라스 광장이 있었다.

그랑플라스는 사람들이 모이는 시장이자 브뤼셀 최고의 상업 지구였다. 이 금싸라기 땅에 자본이 흘러 들어오는 건 자연스러운 흐름이었다. 상인들은 브뤼셀에 모여 상인 조합인 길드를 형성한다. 그리고 맥주 양조업자 길드, 기름공 길드, 목공 길드, 정육 노동자 길드 등 각종 길드 하우스와 집들을 지으며 세력을 확장해 나갔다. 즉 그랑플라스 광장을 에워싼 건물들은 길드의 필요에 의해 지어진 것이다.

바로크 양식의 화려한 건축물은 당시 상인들의 힘과 영향력을 여실히 보여줬다. 건물 외벽과 기둥, 테라스 곳곳에 화려한 금박이 칠해졌고 지붕에는 황금빛 조각상이 위풍당당하게 세워져 있다. 그랑플라스 자체가 길드였고, 길드의 힘이 곧 브뤼셀인 것처럼.

한여름의 광장은 낮보다 밤에 더 영롱하게 빛난다. 어둠이 내린 뒤 주황빛 조명이 하나둘 켜졌다. 클래식 음악에 맞춰 펼쳐지는 빛의 향연은 그 자체로 예술이었다.

시간이 유유히, 무정하게 흘렀다. 시선 닿는 곳곳에서 예술적 정취가 감돌았다. 도시를 향한 감수성이 한층 더 짙어져 갔다.

그랑플라스의 아름다움에 매료된 르네 마그리트를 그려본다. 벨기에가 낳은 20세기 최고의 초현실주의 화가는 광장의 한 카페에 앉아 종종 사색에 잠기곤 했다. 관람객의 시선을 사로잡고, 옭아매다, 끝내 해방되는 짜릿한 쾌감을 선사하기 위해.

"우리는 언제나 우리가 바라보는 것 뒤에 감춰진 걸 보고 싶어 한다. 작품
을 단순히 보게 하는 것이 아니라 생각하게 만들고 싶다."

_르네 마그리트

작품을 바라보는 패러다임이 뒤집히는 순간이 있다. 마그리트는 지금껏 사고해온 모든 걸 잊고, 새로운 시선으로 작품을 바라보도록 했다.

그랑플라스 광장

그 무엇도 해석하지 않은 채로, 그 어떤 의미도 찾지 말라면서. 틀에 박힌 해석에 갇히면 그 너머의 것은 보지 못하게 되니까.

마그리트의 그림은 고정관념을 부순다. 낮과 밤, 삶과 죽음, 그리고 희망과 어둠 등 양립할 수 없는 존재들이 한 프레임 안에 자연스레 녹아든다. 익숙한 것의 낯선 공존이 묘하게 안정감을 준다.

〈빛의 제국〉은 보면 볼수록 짜릿하다. 땅은 어두운데 하늘은 환하다. 낮과 밤이 동시에 나타난다. 교외의 한적한 마을, 창문과 가로등 불빛이 어둠을 밝힌다. 집 위로 파란 하늘에 뭉게구름이 떠 있다. 현실성 없는, 말도 안 되는 장면이다.

하지만 생각을 비틀면 그 이상의 것도 가능하다. 눈에 보이는 게 진실이 아닐 수도 있다. 시간에 속박된 일상, 자연의 법칙을 무너뜨리는 낮과 밤의 공존. 마그리트처럼 현실과 비현실의 경계를 넘나들어 본다. 그 세계는 당돌하고 당차다. 작품을 보는 사람의 마음을 발칙하게 사로잡는다.

브뤼셀은 손에 잡힐 듯 작지만, 작지 않다. 한 해 약 14만 톤 이상의 초콜릿을 생산하는 나라, 스머프와 땡땡이를 탄생시킨 만화 강국, 유럽연합과 북대서양조약기구(NATO) 등 국제기구의 본부가 자리한 유럽의 중심. 초현실주의 거장 르네 마그리트의 독창성과 세상에서 가장 아름다운 그랑플라스의 고전미까지.

한 단어로 표현하기에 브뤼셀의 매력은 차고 넘친다. 그러니 유럽의 작은 수도 브뤼셀은 참 야무지다.

파리

에펠탑과 유리 피라미드가
형형하게 빛나는

Paris

프랑스 파리의 중심 전경

"프랑스는 누구보다 담대하고 탁월하게 일을 저질렀다"

처음은 뭐든 선명하게 기억된다.

첫 자전거, 첫 월급, 그리고 첫 여행까지. 누구에게나 처음은 애틋하게 그리고 아련하게 남아 있다. 처음 마주한 에펠탑 역시 그랬다. 어둠이 내려앉은 도시에 노란 조명이 켜지는 순간, 새하얀 빛이 에펠탑을 수놓았다. 그 찰나의 반짝임에 온 마음을 뺏겼다.

'파리'의 하늘을 홀로 차지한 에펠탑은 이채로웠다. 멀리서 보면 거대했고 가까이 다가가면 오밀조밀했다. 무수히 많은 철골이 마치 그물망처럼 촘촘히 교차되어 있었다. 무려 324m 꼭대기까지. 직선과 곡선이 자유로이 어우러져 철 특유의 견고함을 돋보이게 했다.

지금은 에펠탑 없는 파리를 상상할 수 없지만, 시작은 순탄치 않았다. 19세기 말, 프랑스는 파리 만국박람회를 위한 성대한 이벤트를 기획한다. 근대적 프랑스와 높은 수준의 기술력을 전 세계에 보여줄 절호의 기회였다.

사람들의 시선을 사로잡을 혁신적이면서도 독보적인 건축물이 필요했다. 만국박람회를 위한 대대적인 공모전이 열렸고, 치열한 경쟁 끝에 '세계 최고 높이의 철제 탑 설계안'이 최종 선정된다. 차갑고 딱딱한 철골로 아름다운 곡선을 만든 건축가는 바로 구스타브 에펠이다.

파리의 상징, 에펠탑

1889년 고풍스러운 건축물로 넘쳐나는 파리 한복판에 전 세계에서 가장 높은 철제 탑이 세워진다. 완공까지 걸린 시간은 약 2년 2개월. 예나 지금이나 에펠탑의 화제성은 남달랐다.

당시 파리 시민들은 투박한 뼈대가 그대로 드러난 철골 구조물에 경악했다. 도시의 미관을 해치는 흉물스러운 쇳덩이라고 비아냥거렸고, 에펠탑이 전 세계의 웃음거리가 될 거라며 수치스러워했다.

다행이라고 해야 할까. 걱정이 무색하게도 파리지앵들의 예상은 보기 좋게 빗나갔다. 에펠탑에 첫 조명이 켜졌고, 수많은 인파가 구름처럼 몰려들었다. 만국박람회 동안 200만 명이 넘는 관람객들이 에펠탑을 찾으며 엄청난 흥행을 거둬, 단숨에 전 세계의 관심을 집중시키는 데 성공한다. 프랑스적이지 않은 에펠탑이 프랑스의 자존심을 세운 것이다.

그해 파리는 역사의 길목에 자리한 기록 저장소였다. 국제적 위상을 드높일 만국박람회가 기획되었고, 세계에서 가장 높은 에펠탑이 세워졌다. 그 중심에는 '프랑스 혁명 100주년'의 상징성이 존재했다.

프랑스 혁명은 민중의 피로 절대왕정의 낡은 체제를 무너뜨리고 불평등한 계급사회에 정면으로 도전해 세상의 패러다임을 바꾼 사건이었다.

무엇보다, 1889년은 자유, 평등, 박애의 정신을 담은 프랑스 혁명 100주년이 되는 상징적인 해였던 것. 프랑스는 그 숭고한 정신을 잊지 않았다. 에펠탑에 100주년의 역사를 담아내며 프랑스 혁명을 기념했다.

프랑스적이지 않은 에펠탑은 프랑스의 상징이 되었고, 파리는 새로운 100년을 준비한다. 이름하여 '그랑 프로제'. 예술의 도시 파리를 현대적으로 재건해 프랑스의 문화적 위상을 드높이고자 기획되었다.

이 대규모 건축 프로젝트를 추진한 이는 프랑스의 문화 대통령, 프랑수아 미테랑. 그는 프랑스 혁명 200주년을 기념해 파리의 문화예술을 확장하는 그랑 프로제를 발표한다.

1989년, 고풍스러운 파리에 현대적인 건축물이 들어선다. 그것도 세계 3대 박물관인 루브르 박물관 입구에. 심지어 673개의 유리로 뒤덮인 기하학적인 형태로.

유리 피라미드는 충격 그 자체였다. 루브르를 망친다는 거센 비난이 쏟아졌다. 에펠탑의 첫 등장 때와 같은 반응이 터져 나온 것이다. 도시를 향한 시민들의 애정은 깊었고 또 진지했다. 이질적인 것을 무턱대고 받아들일 수 없었다.

비난의 화살은 유리 피라미드를 설계한 건축가에게 향했다. 여론의 뭇매를 맞은 건축가는 건축계의 노벨상이라 불리는 프리츠커상을 수상한 이오 밍 페이. 그랑 루브르를 위해 그가 설계한 디자인은 높이 21.6m에 이르는 뾰족한 피라미드였다.

설계부터 완공까지 순조롭지 않았다. 위태롭게 흔들리는 유리를 단단하게 잡아준 건 미테랑 대통령이었다. 이오 밍 페이와 그의 건축에 전폭적인 지지를 아끼지 않았다.

미테랑의 남다른 선구안은 빛을 발했다. 유리 조각과 금속 기둥으로 설계된 피라미드는 고전적인 궁전을 비추며 입체미를 더했다. 무엇보다, 영원을 상징하는 이집트의 피라미드처럼 유리 피라미드는 '영원한 루브르'의 빛나는 시대를 열었다.

새로운 걸 시도하는 건 언제나 어렵다. 경험해보지 않아 낯설게 느껴지고 버겁게 다가온다. 그렇다고 옛 유산에 기대어 과거 속에 머무를 수만은 없다.

밀레니엄 시대를 앞둔 프랑스는 그 누구보다 담대하게, 그리고 탁월하게 일을 저질렀다. 중후한 도시에 아방가르드한 조형물들을 올린 것이다. 그것도 프랑스 혁명을 기념하는 국가적인 프로젝트에 맞춰서. 정말이지 프랑스답고 파리적인 시도였다.

에펠탑과 유리 피라미드는 단번에 파리의 이미지를 바꿔놨고, 도시의 상징으로 거듭났다. 매년 프랑스 혁명 기념일인 '바스티유 데이'가 되면, 피라미드의 상공은 삼색기로 채색되고 에펠탑을 배경으로 성대한 불꽃 축제가 펼쳐진다.

독보적인 헤리티지를 만들어가고 있는 현재가 있기에, 파리의 내일이 기대된다. 매일 반짝이는 에펠탑처럼.

베로나

이 도시의 갈림길에선
사랑을 택하게 된다

Verona

이탈리아 베로나 전경

"베로나에서 만난 두 여인, 줄리엣과 아이다"

'베로나'에서 글과 음악으로 존재하는 두 여인을 마주했다. 이들이 품은 사랑의 온도는 가늠할 수 없지만, 도시에 짙게 배어 있는 사랑의 흔적은 아련하게 다가왔다.

눈부신 그 시절의 이야기를 전해줄 첫 번째 주인공은, 줄리엣. 두 남녀의 이뤄질 수 없는 사랑과 죽음을 그린 윌리엄 셰익스피어의 희극 『로미오와 줄리엣』의 배경이 된 도시가 바로 베로나다.

사랑의 도시라는 타이틀에 걸맞게 줄리엣의 집에는 사랑을 속삭이는 달콤한 메모들로 가득했다.

발코니에서 설익은 용기를 내 로미오를 부르는 줄리엣의 실루엣이 그려지다가도, 또렷이 잡히지 않는다. 줄리엣의 집이 베로나에서 만든 가상의 세트장이라는 걸 알기 때문일까. 서사 속 섬세한 감정선을 읽어내기 버거웠다.

로미오와 줄리엣은 실존 인물은 아니지만, 그렇다고 완전한 픽션도 아니다. 베로나에 살던 두 원수 집안을 배경으로 만들어진 이야기이기 때문. 베로나의 양대 가문이었던 카풀레티 가문과 몬테키 가문은 하루가 멀다고 싸웠다고 한다.

이탈리아의 한 문학가는 두 가문을 소재로 비극적인 사랑을 써 내려갔고, 그 이야기가 시간이 흐른 뒤 셰익스피어에게로 전해진다. 구전을 희곡으로 각색해 세기의 히트작 『로미오와 줄리엣』으로 재탄생한다.

> "밤은 로미오를 데려가 밤하늘의 작은 별들 사이에 심으리니, 그로 인해 하늘의 얼굴은 더욱 아름다워질 것이고, 밤이 오면 모든 세상은 사랑에 빠지리라."
>
> _윌리엄 셰익스피어, 『로미오와 줄리엣』 3막 2장

독약을 먹었다는 로미오의 소식을 들은 줄리엣은 절망에 빠진다. 슬픈 마음을 다잡고 로미오가 밤하늘의 별이 되길 소망한다. 머지않아 온 세상이 밤과 사랑에 빠질 거라고 읊조린다.

줄리엣의 절절한 독백에서 숙명을 읽었다. 로미오와 줄리엣의 사랑과 죽음이 거역할 수 없는 필연처럼 다가왔다. 두 남녀의 사랑은 비극으로 끝났지만, 두 가문의 세력 다툼으로 바람 잘 날 없던 베로나는 평화를 맞이한다.

───── 그들이 선택한 건, 결국 사랑

좁디좁은 골목을 빠져나와 노을빛이 감도는 중세 도시 베로나를 바라봤다. 짙은 어둠이 내려앉으면, 그때 비로소 거대한 돌덩어리가 은은

하게 존재를 드러낸다. 가까이 다가갈수록 더 영롱하게 빛나는 아레나 디 베로나다. 2천 년 전에 건설된 고대 로마 유적이자 유럽에서 세 번째로 큰 원형 경기장이다. 로마의 콜로세움보다 40년이나 앞선 기원후 30년경에 지어졌다.

아레나는 검투를 위해 바닥에 깔았던 모래를 의미하는데, 검투사나 맹수가 흘린 피로 모래가 붉게 물들면 새로운 모래를 깔았다고 한다. 로마 시대 검투사들의 피 튀기는 경기장으로 사용되었던 아레나는 지금까지도 대중들을 위한 공간으로 자신의 쓰임을 다하고 있다.

세계적인 오페라 축제인 '아레나 디 베로나 오페라'가 이곳 원형 경기장에서 열린다. 세계문화유산이 오페라 무대가 된 것이다.

완연한 어둠이 찾아오는 밤 9시, 객석 곳곳에서 하나둘씩 조명이 켜진다. 관객들은 촛불을 밝히며 오늘의 무대를 빛내줄 지휘자와 공연자에게 경의를 표한다. 수만 개의 촛불이 고대 원형 경기장에 가득 채워지면 비로소 공연이 시작된다.

달빛이 비치는 밤하늘 아래 고대 유적에서 펼쳐지는 오페라는 감동

아레나 디 베로나

그 자체다. 원형 경기장은 지붕이 없고 외벽이 손상된 상태임에도 불구하고, 제일 뒤 객석까지 음향을 생생하게 전달한다. 2천 년 전 로마인들의 건축 기술에 감탄하지 않을 수가 없다.

베로나 오페라 축제의 시작은 이탈리아를 대표하는 작곡가 주세페 베르디였다. 1913년, 베르디 탄생 100주년을 기념하고자 〈아이다〉를 공연한 게 오페라 축제의 시초다.

〈아이다〉는 베르디가 예순 가까운 나이에 작곡한 필생의 역작이기도 하다. 오페라 축제의 상징적인 작품은 〈아이다〉이며 이탈리아 오페라 사상 최고의 걸작으로 평가받는다.

줄리엣에 이어 두 번째로 만나게 된 여인은, 아이다. 이집트에 노예로 끌려 온 에티오피아 공주 아이다와 이집트 장군 라다메스의 뜨거운 사랑을 그린 오페라 〈아이다〉는 진부한 서사 같지만, 그렇다고 마냥 뻔하지만은 않다.

라다메스는 에티오피아 전쟁을 이끄는 대장으로 선발된다. 적군의 왕은 다름 아닌, 아이다의 아버지. 라다메스의 승리는 조국의 패배였고, 조국의 승리는 사랑하는 이의 죽음이었다.

극의 마지막, 사랑이 끝내 이겼다. 라다메스는 아이다를 위해 조국을 배신했고, 아이다는 라다메스와 함께하는 죽음을 선택했다. 결말은 비극적이었지만, 사랑은 주체적이었다.

희망은 없네 나의 고통뿐이네

치명적인 사랑, 두려운 사랑이

나의 마음을 부수네, 나를 죽게 해주오!

_주세페 베르디, <아이다> 중 '이기고 돌아오라!'

　사랑과 조국 사이에서 번민하는 아이다를 마주하며 사랑과 가문 사이에서 애달파하던 줄리엣이 떠올랐다. 배경도 시대도 다른 두 여인을 베로나에서 만났다. 문학과 음악은 하나의 이야기가 되어 도시를 천천히 물들여갔다.

　'사랑이냐 가문이냐' 혹은 '사랑이냐 조국이냐'의 갈림길에서 그들이 선택한 건 결국 사랑이었다. 여물지 않은 사랑은 불완전했지만 그래서 더없이 완전한 사랑을 향해 나아갔다.

　줄리엣과 아이다, 이름을 속삭이는 것만으로도 감정이 다시 말랑말랑해져 간다.

숲과 바다가
온화하게 공존하는 신의 초원

Oslo

노르웨이 오슬로의 프로그네르 공원 전경

"전원도시를 연상케 할 정도로 나무가 많았고 청명했다"

'북쪽으로 가는 길목'에 '신의 초원'으로 불리는 도시가 있다.

'노르웨이(Norway)'의 수도 '오슬로(Oslo)'다. 피오르의 안쪽 깊이 자리한 오슬로는 푸른 숲으로 둘러싸여 있는 항구도시다. 노르웨이의 숲과 바다가 신의 초원에 온화하게 공존했다.

한여름 밤의 오슬로는 대낮처럼 밝았다. 오전 10시인지 오후 10시인지 알 길 없는 그런 하늘이었다. 해가 무심하게 길어지는 여름밤은 눈이 시리게 환했다. 잠시 찾아오는 여름은 오롯이 해의 계절이었고 밤이 얕게 스쳐가는 도시는 푸릇푸릇했다. 전원도시를 연상케 할 정도로 나무가 많았고, 그래서 투명하리만큼 청명했다.

프로그네르 공원 역시 그랬다. 드넓은 공원에 들어서는 순간 단단한 생명감에 사로잡혔다. 나무와 꽃, 분수가 저마다의 몸짓으로 유연하게 어우러져 있었다.

무수히 많은 조각이 자신의 존재를 드러냈다. 자연의 색을 담은 조각들은 놀랍도록 서로가 서로를 닮아 있었다. 한 사람의 손에서 창조된 작품이라는 걸 여과 없이 보여주듯이.

이곳, 프로그네르 공원에는 한 예술가의 일생이 고스란히 담겨 있다. 그는 섬세한 감각으로 인간의 삶과 희로애락을 조각해냈다. 그것도 무려 212점의 조각상으로.

온 힘을 다해 정원을 조각한 예술가는 구스타브 비겔란. 이 조각공원은 비겔란이 자신의 작품을 오슬로에 기증하면서 시작되었다. 오슬로시는 공원 설계와 작품 의뢰로 화답했고, 비겔란은 32만 평에 달하는 공원을 꾸미고 작품을 조각해 나갔다. 그렇게 비겔란 조각공원으로 더 유명한 프로그네르 공원이 탄생했다.

조각공원의 모든 길은 〈모노리텐〉으로 향한다. 17m 높이의 거대한 화강암 조각상은 어디서든 눈에 띈다. 가까이 다가갈수록 조각의 형체가 또렷해진다. 그곳에는 정상에 올라가려고 안간힘을 쓰는 121명의 인간이 조각되어 있다. 조각은 저마다의 감정을 드러냈고 개인의 욕망을 몸짓으로 표출했다.

무엇보다, 비겔란은 인간의 본성을 역동적으로 표현해냈다. 그곳에서 나는 어떤 모습을 하고 있을까. 맨 아래 짓눌린 자일까, 활기차게 움직이는 자일까, 결국 정상을 차지한 자일까. 121명의 남녀는 마치 하나처럼 뒤엉켜 있었다. 받쳐주는 사람이 있기에 올라서는 사람이 존재하듯 서로가 하나로 이어져 있다는 의미는 아닐까. 그곳에 서서 탄생과 죽음, 인간의 삶과 공존을 이야기한 조각들을 한참 동안 읽었다.

비겔란은 조각과 밑그림, 연구서를 비롯한 귀중한 자료들을 오슬로시에 기증한다. 그리고 특별한 조건을 붙였다. 조각공원의 입장료를 받지 않을 것과 출입 시간을 제한하지 말 것, 그리고 조각이 오슬로를 영원히 떠나지 않을 것. 그다운 진솔한 유언이었다.

오슬로시는 평생 가난하게 살아온 비겔란을 후원했고, 그는 일생을
바쳐 조각한 작품들을 오슬로시에 기증했다. 누구나 평등하게, 언제든
지 자유롭게 조각을 바라볼 수 있도록. 조각가의 소신과 신념이 너무
나 아름다웠다.

오슬로와 조화롭게 어우러진 건축물

싱그러운 풀 냄새 가득한 공원을 나와 푸른 물결 요동치는 해안가로
향했다. 거대한 조각 작품이 바다를 유유히 떠다니고 있었다. 새하얀
빙하를 형상화한 오페라하우스가 바로 그 주인공.

대리석과 화강암이 지탱하는 건물에 거대한 유리가 얹혀진 오페라
하우스는 노르웨이의 대자연을 한껏 머금고 있다. 피오르가 보이는 항
만의 중심에 자리하다 보니, 멀리서 보면 해안가에 떠 있는 빙하를 땅
에 얹힌 듯 디자인되었다.

이 바닷가 공연장의 압권은 32m 높이에서 바다로 유연하게 빠지는
지붕이다. 비스듬히 경사진 지붕의 한쪽 끝은 땅에 닿아 있고, 또 다른
쪽은 바다를 향해 있다. 땅과 바다, 하늘을 경사면으로 연결한 선의 흐
름이 놀라웠다. 비스듬한 평면으로 설계된 언덕 위에 서 있으면 바다
를 유유히 떠다니는 느낌이 든다. 꼭 망망대해를 향해 비상하는 마법
의 양탄자 같기도 했다.

오슬로의 오페라하우스

오페라하우스는 우아하고 자유로웠다. 극장은 고고하게 솟는 대신 드넓게 펼쳐지는 걸 선택했다. 수평으로 이어진 낮고 넓은 건축물은 오슬로와 조화롭게 어우러졌다. 땅과 바다를 연결한 산책로는 노르웨이의 숲처럼 자연스러웠다.

무엇보다, 도시의 문화공간은 다정했다. 예술의 진입 장벽을 낮추고 친근하게 다가갔다. 기꺼이 시민들의 산책로가 되어줬다. 비겔란 조각공원은 청명한 숲길을, 오페라하우스는 맑은 해안 길을 자처했다.

소수만 향유하는 예술이 아닌, 모두가 공유하는 문화공간으로 다가갔다. 너른 여유를 품은 공간들 덕분에 한여름 밤의 꿈처럼 밝고 잔잔한 기억만 남았다.

입센과 뭉크,
두 예술혼을 추억하는 카페

Oslo

노르웨이 오슬로의 칼 요한슨 거리 전경

"19세기 오슬로에는 입센과 뭉크가 살았다"

'오슬로'를 다시 찾은 건 순전히 두 예술가 때문이었다.

오슬로는 그들의 흔적을 살뜰히 간직하고 있었고, 그 케케묵은 발자취를 좇는 건 지극히 자연스러웠다.

그들이 살았던 도시가 지금의 오슬로는 아니었다. 그곳의 이름은 '크리스티아니아'. 덴마크의 지배를 받던 당시, 크리스티안 4세는 자신의 이름을 붙여 이 도시를 크리스티아니아라고 명명했다.

1624년부터 1925년까지, 옛 이름 오슬로를 되찾는 데 무려 300년이 걸렸다. 크리스티아니아의 시대가 끝나갈 무렵, 이 도시에 두 남자가 나타났다.

그들은 바로 노르웨이가 낳은 불세출의 극작가 헨리크 입센과 세계적인 화가 에드바르 뭉크.

칼 요한슨 거리를 걷다 보면 노벨평화상 수상자들을 위해 연회가 열리는 그랜드 호텔이 나온다. 호텔 1층에 자신의 유명세를 한껏 뽐내는 카페가 있다. 1874년에 문을 연 그랑 카페.

오랜 역사를 자랑하는 만큼 수많은 예술가와 지식인이 모여 예술을 논했다. 그중 매일 카페를 드나들었던 단골이 있었다. 세계 문학사에 한 획을 그은 위대한 극작가, 헨리크 입센.

입센은 일생 동안 총 26편의 희곡을 남겼다. 그중 발표와 동시에 세상을 발칵 뒤집으며 숱한 화제를 몰고 다닌 작품이 있다. '노라'의 자유를 그린 『인형의 집』.

아내이고 어머니이기 전에, 한 사람의 인간으로 살 것을 선언한 노라가 세상으로 나아가는 이야기를 담고 있다.

입센은 속박받는 모든 것으로부터의 자유를 쟁취하는 인간, 노라를 그려냈다. '남'을 위해 존재하는 인형이 아닌, '자신'을 위해 살아가는 사람이 되길 바랐다.

> "나는 당신의 종달새, 인형이죠. 아빠는 날 아기 인형이라 부르셨죠. 난 아빠의 손에서 당신에게로 옮겨졌어요. 친정에서 아버지의 인형 아기였던 것이나 마찬가지로요. 당신과 아빠는 내게 큰 잘못을 했어요. 내 삶에서 어떤 것도 제대로 못 해본 건 당신들 잘못이에요."
>
> _헨리크 입센, 『인형의 집』

희대의 문제작은 뜨겁게 타올랐고, 오래도록 빛을 잃지 않았다. 『인형의 집』은 입센 서거 100주년이었던 2006년에 전 세계에서 가장 많이 공연된 기념비적인 작품이 되었으니까.

—————— 입센과 뭉크, 뭉크와 입센

입센은 매일 오전 9시가 되면, 언제나 그랬듯 그랑 카페로 향했다. 그곳에서 조용히 신문을 읽고, 종종 사람을 관찰하며, 때론 사색에 잠겼다. 그런 입센의 모습을 존경 어린 시선으로 바라본 화가가 있었다. 표현주의 미술의 창시자 에드바르 뭉크.

"1895년이었다. 나는 블롬크비스트 갤러리에서 가을 전시회를 열었다. 내 그림에 대한 혹평이 빗발쳤다. 어느 날 전시장에서 입센을 만났다. 그는 나에게 닥친 이 일들이 그에게도 있었다고 했다. 더 많은 적이 생길수록 더 많은 친구가 생긴다고 말했다."

_에드바르 뭉크의 노트

당시, 뭉크는 한없이 약해져 있었다. 그의 전시회를 두고 혹평이 난무했다. 주변의 비난과 선입견에 시달리던 뭉크에게 입센의 격려는 큰 힘이 되었다. 뭉크는 입센의 작품에서 많은 영감을 받았다.

무엇보다, 불편한 진실을 글로 끄집어낸 입센의 용기를 선망했다. 뭉크는 붓을 들어 〈그랑 카페의 입센〉〈유령〉 등 입센과 그의 작품을 그림으로 담아냈다.

그 작품들은 오슬로의 한 미술관에 소장되어 있다. 그 미술관은 예사롭지 않다. 화가 한 명의 이름을 내건 미술관 중에서 세계 최대 규모를 자랑하니까. 그곳은 뭉크를 위한, 뭉크에 의한, 뭉크의 미술관이다.

뭉크는 죽기 전 자신의 작품 대부분을 오슬로에 기증하겠다는 유언을 남겼다. 그렇게 뭉크 탄생 100주년이 되는 1963년에 뭉크 미술관이 개관했다.

그곳에 뭉크의 대표작 〈절규〉가 전시되어 있다. 레오나르도 다빈치의 〈모나리자〉와 더불어 인류 역사상 가장 유명한 작품이기에, 큰 기대를 하지 않으려 애썼다.

사진 속 〈절규〉에선 찢어질 듯 벌린 입과 겁에 질린 눈으로 표현된 감정만 읽혔다. 하지만, 실제로 본 〈절규〉는 달랐다. 그림 대부분을 차지하는 배경에 시선이 갇혔다.

에드바르 뭉크의 〈절규〉

불타는 구름과 검푸른 피오르가 꿈틀거렸다. 자연은 감정이 되어 휘몰아쳤고, 붉고도 푸른 색의 대비는 강렬하게 출렁였다.

뭉크는 자신의 곁을 지켜온 소중한 이들의 죽음을 목격했다. 그때마다 무기력해졌고, 슬픔을 주체하지 못했다. 곧잘 죽음에 대한 공포와 외로움에 사로잡혔다. 하지만, 그는 어둠 속으로 도망치지 않았다. 불안을 숨기지 않았고, 오히려 창작의 원동력으로 표현했다.

어쩌면 그림은 절망적인 감정에서 벗어나기 위한 자신만의 위로였을지도 모른다. "나는 보이는 걸 그리는 게 아니라 본 걸 그린다."라는 뭉크를 알 것도 같다. 뭉크는 본 것, 즉 기억을 그렸다.

기억은 저마다의 감정으로 해석되기 마련이다. 뭉크는 자기 경험을 시각화했다. 그는 감정에 충실했고, 그 덩어리진 감각을 붓으로 표출했다. 뜨겁게, 시리도록 차갑게.

19세기 크리스티아니아로 불린 오슬로에는 입센과 뭉크가 살았다. 그들은 다른 듯, 묘하게 닮았다. 입센은 민감한 사회적 이슈를 서정적으로 써 내려갔고, 뭉크는 인간의 약한 감정을 시각적으로 그려냈다.

그랑 카페는 여전히 입센과 뭉크를 추억하고 있었다. 그것도 벽을 가득 메운 그림으로. 그때 그 시절 오슬로를 우아하게 보관했다. 기록의 예술은 생기 있게 빛났고, 도시를 은은하게 밝혔다.

빛바랜 선율이 울려 퍼지는
매혹적인 항구

Lisbon

포르투갈 리스본의 중심 전경

"리스본은 낡아서 오히려 가치를 지닌다"

한때 세상의 끝이라 믿었던 땅이 있다. 이베리아반도의 서쪽, 그 끝에 있는 포르투갈이다.

그 옛날 포르투갈은 유럽 대륙의 중심이 되기 힘든 고립된 땅 자체였다. 국토의 절반이 대서양과 마주한 유럽 대륙의 끝자락에 자리했다. 그들에게 바다는 실낱같은 희망이었다. 푸른 바다는 동경의 대상이자 정복해야 할 세상이었다.

강인하고 굳센 민족은 고립된 땅에서 살아남고자 배를 만들었고 험난한 물길을 열어 새로운 항로를 개척해 나갔다. 수많은 고난과 역경을 이겨내고 도착한 그곳은 미지의 땅이라 불리던 아프리카와 남아메리카, 그리고 아시아였다. 그렇게 유럽의 변방이었던 포르투갈이 대항해 시대의 서막을 열었다.

전성기 포르투갈의 흔적을 고스란히 간직한 공간이 있다. '리스본' 서쪽 끝에 위치한 벨렘 지구다. 대항해 시대를 기념하는 발견 기념비와 세계를 누비며 대륙 간 뱃길을 연결한 항로 개척자 바스코 다 가마를 위한 벨렘탑이 바다를 향해 용맹하게 서 있다. 대항해 시대의 화려한 영광을 포효하듯이.

포르투갈어로 리스보아(Lisboa)는 '매혹적인 항구'를 뜻한다. 항구

도시에는 새로운 세계에 대한 동경을 품은 탐험가들로 가득했다. 이 도시는 미지의 세상으로 향하는 출구였고, 모두가 꿈과 희망을 안고 바다로 나아갔다.

하지만, 바다는 뭍사람에게 친절하지 않았다. 풍랑과 암초를 만나면 죽음을 면치 못했고, 수많은 이가 차디찬 바다에서 목숨을 잃었다. 그럼에도 포르투갈 사람들은 바다를 피할 수 없는 운명으로 여겼다.

바다로 떠난 이는 그리움을, 남겨진 이는 절망을 읊조렸다. 애달픈 이야기가 모이고 모여 포르투갈의 영혼을 담은 노래, 파두가 되었다. '운명'을 뜻하는 파두는 가슴 밑바닥에서부터 끓어오르는 듯한 창법과 기타 반주, 그리고 숙명론적인 가사가 특징이다.

노랫말에는 고향을 그리워하는 마음과 가족을 향한 깊은 애정, 고단한 운명이 진득하게 배어 있다. 그래서 파두를 듣고 있노라면, 그토록 애잔하고 구슬플 수가 없다.

그 중심에는 파두의 근간을 이루는 정서 '사우다드'가 존재했다. 사우다드는 우리의 '한'과 같은, 포르투갈 사람들이 가진 고유 정서다. 굳이 해석하자면, 사무치는 그리움이랄까. 그렇게 민족의 고유 정서는 파두의 생명이 되었다.

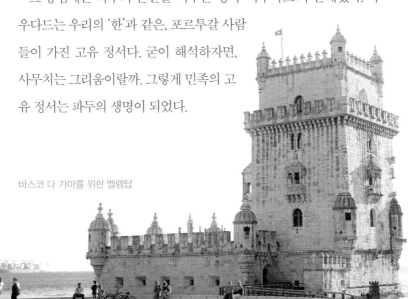

바스코 다 가마를 위한 벨렘탑

짙은 어둠이 깔리는 밤, 모라리아 지구의 한 카페에서 생애 처음으로 파두를 만났다. 검은 옷에 망토를 두른 한 여인이 기타 반주에 맞춰 노래를 시작했다.

노랫말은 알지 못했지만, 카페에 울려 퍼지는 서글픈 목소리와 격동적인 선율만큼은 기억 속에 또렷하게 남아 있다. 리스본의 밤을 처연하게 물들여간 그 곡은 아말리아 호드리게스의 〈검은 돛배〉. 바다로 나간 남편을 기다리는 아내의 간절함과 절망이 담겨 있다.

> 바위 위의 십자가 하나를 봤죠
> 당신이 탄 검은 돛배는 불빛 속에서 춤을 췄고,
> 당신의 지친 두 팔로 나에게 손짓하는 걸 봤어요
>
> _아말리아 호드리게스, 〈검은 돛배〉

무사히 살아 돌아올 남편을 기다리며 아내는 매일 바다로 나갔다. 기약 없는 나날을 보내던 어느 날, 아득한 수평선 너머로 검은 돛을 단 배를 발견한다. 아니길 바랐지만, 남편의 배였다.

눈물의 작별 인사는 이별의 슬픔이 되어 돌아왔다. 남편의 죽음을 목도한 여인은 통곡했고, 그 서글픈 소리가 바다를 타고 흘러 노래가 되었다. 그게 파두였다.

그 아련한 정서를 노래한 파디스타(파두 가수)가 바로 파두의 여왕, 아말리아 호드리게스다. "파두는 부르라고 만들어진 게 아니라, 그저 생겨난 것"이라는 그녀의 말처럼, 파두는 포르투갈의 영혼이 되었다.

오래되어 엉망인 곳이 있고, 낡아서 오히려 가치를 지니는 곳이 있다. 리스본은 후자다. 나이 든 아줄레주 타일과 빛바랜 파스텔 톤의 집들이 도시를 채색했고, 지난날의 묵직한 이야기는 아련한 선율이 되어 골목 사이로 퍼져 나갔다. 파디스타의 단단한 음색이 마음의 틈새를 비집고 물밀 듯이 흘러들었다.

영혼의 울림, 파두는 진득한 잔상을 남겼다.

미켈란젤로가 조각한
르네상스의 인본주의 정신

이탈리아 피렌체 전경

"붉은 피렌체가 더없이 붉게 물들어갔다"

그곳에 발을 디디는 순간 숨이 턱 하고 막혀왔다. 5미터가 넘는 조각의 크기 때문이 아니다. 조각이 뿜어내는 긴장과 두려움, 의지가 팽팽하게 맞붙은 기세에 압도당했다. 공기를 떠도는 분위기마저도 조각의 일부처럼 느껴졌다. 공간은 조각의 에너지를 담기에 턱없이 부족했다. 피렌체 아카데미아 미술관에서 마주한 〈다비드〉의 첫인상이다.

16세기, '피렌체'에 거인이 나타났다는 소문이 퍼졌다. 조각의 키만 무려 5m가 넘었으며 심지어 미켈란젤로의 조각이라고 했다. 한창 유명세를 날리고 있는 조각가였기에, 사람들은 소문 무성한 거인 조각 앞으로 모여들었다.

대리석에서 끄집어낸 형상의 주인공은 누구일까. 조각에는 '나는 누구요'를 알려주는 도상이 없다. 그저 나체의 한 남성이 뭔가를 응시하고 있을 뿐이다. 그 모습이 사뭇 결연하고, 고귀해 보이기도 했다.

대체 그는 누구일까. 바로 골리앗을 죽인 소년 다윗. 성서에 기록된 다윗왕은 적국의 거인 골리앗을 돌팔매로 쓰러뜨려 목을 벤 역사적 인물이다. 그랬기에 다윗을 표현할 때 골리앗의 잘린 머리가 함께 들려져 있곤 했다.

그런데 미켈란젤로의 〈다비드〉는 오로지 혼자다. 끝은 무의미하기에 시작을 담았다. 다윗이 골리앗을 향해 돌팔매질하려는 긴장감 넘치는 순간을 포착해낸 것이다. 행동하기 전의 아슬아슬한 기다림, 지극히 미켈란젤로다운 표현이었다.

그러니 〈다비드〉에는 골리앗의 잘린 머리는 존재할 수 없다. 대신 무시무시한 거인 골리앗이 서 있다. 다비드의 시선 저 너머에.

다비드의 눈을 좇았다. 그가 응시하는 시선 끝에 골리앗이 존재한다. 언뜻 비치는 다비드의 표정에서 골리앗의 무자비함도 엿보인다. 눈썹에는 힘이 들어가 있고 미간은 한껏 찌푸려져 있다. 꽉 다문 입술은 비장하기도 하다. 그러나 눈빛에는 긴장이 서려 있다.

다비드 역시 두려울 것이다. 무섭지 않을 리 없다. 그럼에도 대적할 것이기에 결연한 의지를 다잡는다. 강인함, 두려움, 의지, 그리고 용기. 다채로운 감정을 담고 있는 한 인간의 모습이다.

미켈란젤로는 다비드를 르네상스적 조각으로 재탄생시켰다. 엄청난 통찰력이었다. 보이지 않는 적까지 자신의 공간에 끌어들인 것이다. 존재하지 않는 거인이 존재하는 것처럼, 품어선 안 되는 인간의 감정을 과감하게 표현해냈다. 그 모든 감정이 한 공간에 존재했다.

처음 마주한 〈다비드〉는 어색했다. '착시 현상인가?' 다시 눈을 깜빡였다. 조각이 가진 어설픈 비율에 꽂혔던 걸까, 보면 볼수록 더 확실하게 보였다. 얼굴이 비대칭적으로 너무 컸다. 다비드가 대두라니 믿을 수 없었다. 게다가 한쪽 팔이 더 길고, 손도 왕손이다. 건강한 인체와 근육의 조화로움을 사랑했던 미켈란젤로답지 않았다.

피렌체 아카데미아 미술관의
〈다비드〉 조각상

───────── **시민들이 쟁취한 아름다운 피렌체를 지키듯이**

원래 계획대로라면, 〈다비드〉는 높이가 무려 10m나 되는 두오모 대
성당의 지붕 어딘가에 놓일 예정이었다. 〈다비드〉가 서 있어야 할 자리
는 낮은 시뇨리아 광장이 아니었던 것.

멀고도 높은 곳에 있는 뭔가를 쳐다보면 착시 현상이 일어난다. 실제
보다 작아 보인다. 그 왜곡을 줄이고자 얼굴과 손을 실제보다 더 크게

조각했다.

만약 약속했던 그 공간에 〈다비드〉가 놓였다면, 가장 완벽한 모습으로 당당하게 상공의 뭔가를 응시하고 있었을 거다. 그 모습을 상상하면, 아래에서 위로 올려다봤을 때 이상적인 비율은 지금의 〈다비드〉일 수밖에 없다.

하늘에서 땅으로 내려온 〈다비드〉는 피렌체 정부 청사가 있는 시뇨리아 광장에 들어선다. 피렌체 시민들은 투쟁으로 지켜낸 공화국의 승리를 오롯이 만끽했다.

당시, 피렌체는 격동의 역사 한가운데 있었다. 메디치 가문을 쫓아낸 시민들은 수도사 지롤라모 사보나롤라를 새로운 통치자로 세웠다.

피렌체의 희망이 되길 바랐건만, 사보나롤라는 지나친 금욕주의를 강요하며 점차 급진적인 독재 정치를 펼쳐 나갔다. 그를 추앙하던 시민들은 지쳐갔고 민심은 식어갔다. 1498년, 사보나롤라는 화형을 당하며 화마에 삼켜지고 만다.

그 무렵, 피렌체는 새로운 공화국을 기념하는 상징적인 조각상이 필요했다. 조각의 주제는 이미 정해졌다. 골리앗에 맞선 용맹한 다윗. 피렌체 시민들이 쟁취한 자유와 승리의 상징으로 제격이었다.

프로젝트는 26살의 조각가 미켈란젤로에게 맡겨졌다. 그에 보답하듯, 미켈란젤로는 인간의 아름다움과 르네상스적 정신을 새겨 넣은 완벽한 〈다비드〉를 완성한다.

해 질 녘 미켈란젤로 언덕을 올랐다. 붉은 피렌체가 더없이 붉게 물들어갔다. 미켈란젤로의 〈다비드〉는 서로 다른 공간에서 존재감을 드러냈다. 아카데미아 미술관의 〈다비드〉, 시뇨리아 광장의 〈다비드〉, 그리고 미켈란젤로 광장의 〈다비드〉까지.

높은 언덕에 자리한 〈다비드〉는 용맹스러운 전사가 되어 피렌체를 내려다봤다. 시민들이 쟁취한 아름다운 피렌체를 지키듯이. 인간의 다채로운 감정을 품은 그 시절 르네상스를 열망하듯이.

세 언덕의 세 이야기,
하나의 춤

Granada

스페인 그라나다 전경

"그라나다에는 어울리지 않는 세 개의 문화가 존재했다"

낮과 밤이 교차하는 시간, '그라나다'는 더없이 붉게 물든다. 그 찰나의 순간이 그려내는 색감은 몽환적이다. 붉은빛도, 황금빛도, 주황빛도 아닌 색은 노을이 되어 그라나다에 내려앉았다. 적당한 낭만과 감상이 마음의 틈새를 비집고 파고들었다.

그라나다는 남다르다. 이질적인 것들을 공존하게 만드는 기묘한 힘이 흐른다. 과거의 시간 속에서 이유를 읽을 수 있다. 그라나다를 스쳐 간 역사는 거칠었고, 그 긴 시간을 살아낸 사람들은 저마다의 흔적을 언덕 곳곳에 남겼다. 곡절 많은 이야기를 새긴 민족은 기독교와 이슬람, 그리고 집시. 이들의 구슬픈 사연을 좇아 세 개의 언덕으로 향했다. 알람브라 궁전이 자리 잡은 '사비카', 이슬람교도들이 마지막 도피처로 삼은 '알바이신', 집시들의 안식처 '사크로몬테'.

한 도시에 세 개의 이질적인 세력들이 살게 된 결정적인 사건이 있었다. 이사벨 1세의 국토회복전쟁이다. 스페인에서 특히 안달루시아 지역의 역사를 논할 때 절대 빠질 수 없는 세력이 있다. 8세기경 스페인에 상륙해 이베리아반도 대부분을 차지한 이슬람이 그 주인공.

이슬람은 자신들이 지배한 땅에 '알 안달루스'라는 이름을 붙였다. 스페인 남부 지역을 통칭하는 안달루시아의 어원이기도 하다. 이슬람 세력은 이 지역을 약 800년간 지배하면서 문화와 예술을 찬란하게 꽃 피운다.

이슬람에게 땅을 빼앗긴 세력들은 훗날을 도모할 수밖에 없었다. 북쪽으로 쫓겨난 이들은 힘을 키워 이슬람 세력을 몰아낼 준비에 박차를 가한다. 이슬람에 대항해 레콩키스타라고 불리는 국토회복전쟁을 이끈 이들은 기독교 세력이었다.

전쟁에서 거듭 승리를 거두며 안달루시아를 모두 점령했다. 단 한 곳, 그라나다만 제외하고. 그렇게 그라나다는 이슬람 세력의 마지막 보루가 되었고, 이 땅에 이슬람 건축의 정수라고 불리는 알람브라 궁전이 자리 잡는다.

시작이 있으면 끝도 있는 법. 마침내 페르난도 2세와 이사벨 1세가 그라나다를 함락하며, 무려 800여 년에 이른 이슬람 지배는 막을 내렸다. 국토 회복에 승리한 기독교 세력은 알람브라 궁전을 차지했고, 이슬람의 성스러운 언덕은 기독교도들의 땅이 되었다.

이슬람의 나스르 왕조는 알람브라에서, 그라나다에서, 이베리아반도에서, 스페인에서 쫓겨난다. 나스르 왕조는 그라나다에서 막을 내렸지만 그들이 남긴 위대한 유산은 지금까지도 찬란하게 빛나고 있으니, 그나마 다행이라고 해야 할까.

사비카 언덕에 자리 잡은 알람브라 궁전은 거대한 숲 같다. 궁전 내부로 들어가면 서로 다른 건축물들이 뿜어내는 개성이 다각도로 펼쳐져 지루할 틈이 없다. 궁전을 장식한 문양과 술탄의 구절이 새겨진 이

슬람 세공 기술을 보며, 섬세함
에 소름 돋기도 처음이었다.

천장, 벽, 문틀, 기둥, 바
닥 어느 공간에서도 빈틈
을 찾아볼 수 없다. 아라베
스크 무늬의 촘촘함에 어질
거릴 즈음 들리는 청량한 분
수 소리와 초록빛 정원을 보고
있노라면 평온이 찾아온다. 분수에서
떨어져 바닥에 흐르는 물소리마저도 다분히
계획된 설계였을 거다.

알람브라 궁전

이슬람 최후의 보루였던 그라나다마저 빼앗긴 나스르 왕조는 아쉬
움을 삼키며 도시를 떠났지만, 일부 이슬람교도들은 그라나다를 포기
하지 않았다. 자신들이 뿌리박고 살던 이 땅에서 최후의 도피처를 찾
는다. 서글프게도 그들이 자리 잡은 곳은 알람브라 궁전이 한눈에 담
기는 반대편 언덕 알바이신이었다.

이슬람의 영향력 아래 있었던 과거의 모습은 잊히지 않고 언덕에 고
스란히 남아 있다. 무엇보다 이곳에서 바라보는 알람브라 궁전이 가장
아름답다. 해 질 무렵, 황금빛으로 물드는 알람브라 궁전의 아름다움
이 한 폭의 그림처럼 펼쳐진다. 고개를 돌리면 빛조차 없는 동굴 마을
사크로몬테가 더 을씨년스럽게 다가온다.

저마다의 방식으로 공존하는 기독교, 이슬람, 집시

플라멩코를 본 그날 밤이 선연하다. 하늘이 어둑어둑해지자 스산한 분위기가 동굴로 스며들었다. 기타 연주가 흘러나오며 구슬픈 목소리가 들려왔다. 밤 9시, 동굴 속 플라멩코 공연이 시작된 것이다.

서글픈 음악과 애잔한 울림, 구두로 바닥을 내리치는 묵직한 동작이 울려 퍼졌다. 공연이 극에 치닫자 무용수의 춤사위도 격해졌다. 가슴 속에 억눌린 감정을 쏟아내는 눈빛과 발소리, 동작에 저도 모르게 숨을 죽였다. 눈앞에 펼쳐지는 격정적 공연은 감탄을 넘어 깊고도 진한 여운을 남겼다.

스페인 예술의 꽃으로 불리는 플라멩코. 그 춤의 유래에 대해선 의견이 분분하지만, 그라나다의 사크로몬테가 중심적인 역할을 했다는 주장에 무게를 실어주고 싶다. 플라멩코의 원천은 집시였고, 이 자유로운 영혼들이 길 위에서의 방황을 끝내고 정착한 곳이 바로 사크로몬테였으니까.

언덕 경사면을 파서 만들어진 동굴 집들은 메마른 거주지였을 것이다. 하지만 오랜 세월 떠돌아다닌 집시들은 그곳조차 안식처라 여기지 않았을까. 지금도 동굴 마을엔 자유로운 영혼들이 삶을 영위하며 집시의 문화를 이어가고 있다. 그러다 보니, 집시들의 흔적이 고스란히 남아 있는 언덕이기도 했다.

집시들은 자유로운 영혼이라고 불린다. 그들은 제약 없이 어디든 떠

돌아다닐 수 있다. 그런데 집시들은 정말 자유로운 삶을 살았을까. 그 삶이 진정으로 행복했다면, 한목소리로 울부짖지도 않았을 것이고 비통한 마음에 발을 바닥에 내리치지도 않았을 거다.

누구도 받아주지 않았기에, 오랜 세월 정착하지 못한 채 떠돌아다녔다. 그 고된 삶이 녹아 있는 플라멩코는 원초적이면서도 처연하게 다가왔다. 수백 년에 걸친 집시들의 이야기를 한 시간 공연으로 오롯이 만난 기분이었다.

그라나다에는 어울리지 않는 세 개의 문화가 존재한다. 기독교, 이슬람, 그리고 집시. 그들은 물과 기름처럼 섞일 수 없지만 저마다의 방식으로 공존하고 있다.

어쩌면 오랜 세월 이질적인 것들이 부딪히며 마모되다 결국 어우러진 문화가 플라멩코는 아니었을까. 플라멩코가 집시의 예술인 건 맞지만, 집시만의 춤이라고 단정 지을 순 없다. 도시를 스쳐 간 역사와 그 시대를 살아간 사람들의 문화가 뒤엉켜 하나의 이야기로 남았으니까.

춤이라는 예술은 도시를 예술적으로 묶어 놓았다. 혼잡함 속 모든 게 고스란히 존재해 아름다운 춤처럼, 플라멩코에는 오롯한 그라나다의 모든 게 있었다.

뉘른베르크

유럽 최대 규모의
크리스마스 마켓을 기억하며

Nürnberg

독일 뉘른베르크 전경

"뉘른베르크는 손재주가 뛰어난 수공업의 도시였다"

12월은 1년 중 가장 설레는 달이다.

한 해를 마무리하는 분위기와 함께 듣기만 해도 가슴 뛰는 크리스마스가 찾아온다. 흥겨운 캐럴이 거리에 울려 퍼질 때, 늘 그렇듯 이 도시가 떠오른다. 세상에서 가장 낭만적인 크리스마스를 보낼 수 있는 '뉘른베르크'다.

독일 뉘른베르크는 프랑스 스트라스부르, 오스트리아 빈과 함께 유럽 3대 크리스마스 마켓으로 손꼽힌다. 그중 뉘른베르크 크리스마스 마켓이 가장 유명하다.

유럽 최대 규모의 마켓인 만큼 매년 200만 명이 넘는 여행자들이 발걸음하기 때문만은 아니다. 축제를 온전히 즐기는 뉘른베르크 사람들 덕분이 아닐까 싶다.

11월 말, 축제 마스코트인 어린이 대표가 개막을 선언하며 성탄 시장은 크리스마스이브까지 4주간 진행된다. 교회 앞 단상에는 오케스트라가 악기를 연주하고, 성가대가 반주에 맞춰 찬송가를 부른다.

사람들은 크리스마스에 필요한 나무, 장난감 혹은 구운 과자 등을 사고 음악이 흐르는 행사에 흥겹게 참여한다. 어쭙잖게 크리스마스 흉내만 내는 수준이 아니었다.

뉘른베르크 크리스마스 마켓

크리스마스 마켓을 장식하고 있는 장식품들을 보면, 단순 장난감이라고 치부하기엔 수준이 상당히 높았다. 나무 위에 그려진 붓 터치부터 어느 하나 허투루 장식된 게 없다. 장난감에 수공예 기술이 더해진 작품이라고 할까.

한 철 장사였기에 당연히 공장에서 찍어내는 공산품인 줄 알았다. 하지만 노점을 화려하게 수놓은 건 손으로 정교하게 만든 장난감, 목각 인형, 그리고 유리 수공예품이었다.

이토록 정성 어린 손길로 장난감을 제작하는 데는 그만한 이유가 있다. 뉘른베르크는 과거부터 손재주가 뛰어난 수공업의 도시였다. 중세 시대부터 인형 만드는 장인을 육성했고, 찰흙과 나무로 만든 인형을 제작해 수출하기 시작했다.

그러다 산업화 시대로 넘어가면서 주석 인형과 장난감을 생산하며 수공예 기술을 발전시켰다.

마을은 자신들의 고유 기술을 놓지 않았고, 오히려 지명도를 높여 나갔다. 지금도 공예촌에선 공예품을 만들고, 마을의 수공예 역사를 보여주는 장난감 박물관이 운영 중이며, 매년 1월이면 세계적인 완구 박람회가 열린다.

그렇게 뉘른베르크는 독일을 대표하는 장난감의 도시가 되었다.

수많은 인파로 발 디딜 틈 없는 크리스마스 광장을 비집고 나가다 보면 중세 분위기 물씬 풍기는 프라우엔 교회가 나온다. 매일 정오가 되면 교회 앞에는 사람들로 북적인다. 독일에서 가장 오래된 특수장치로 설계된 시계탑에서 펼쳐지는 인형극을 보기 위해서다.

12시를 알리면, 트럼펫 연주 인형의 신호음과 함께 인형들이 세 번 돌고 들어간다. 언뜻 소란스러워 보이지만 나름의 규칙이 존재하는 시계탑에는 예술적 감각과 정교한 기술력이 조화롭게 표현되어 있다.

뉘른베르크는 시계와 인연이 깊은 도시다. 이곳에서 세계 최초의 휴대용 시계가 탄생했다. 당시만 해도 시계는 개인이 소유하기 힘들었다. 추를 이용한 거대한 중량 시계뿐이었으니까. 그래서 주로 교회 꼭대기나 시계탑에 설치되었고 종소리로 시간을 알렸다.

그랬던 공공 시계가 사람의 손으로 왔다. 1509년, 뉘른베르크의 자물쇠 수리공이었던 피터 헨라인이 태엽을 이용한 휴대용 시계를 발명한 것이다. 언제 어디서나 시간을 확인할 수 있는 시계가 세상에 나왔고, 꼭 달걀과 비슷해 '뉘른베르크의 달걀'이라고 불렸다.

가만가만 들여다보면 마켓 곳곳에는 귀여운 눈사람과 따뜻한 눈꽃 조명, 동심을 자극하는 회전목마와 관람차까지 동심을 자극하는 감성으로 넘실댄다.

그러다 글루바인이 풍기는 달콤한 향에 걸음을 멈추고 푸드트럭으로 향했다. 글루바인은 레드 와인에 오렌지, 레몬, 사과, 시나몬 등을 넣고 끓여 마시는 와인이다. 코끝 시리게 추운 겨울날, 따뜻한 와인을 움켜쥐고 광장을 어슬렁거렸다. 적당한 알코올이 감도는 와인은 차가워진 몸을 녹여주면서 크리스마스 마켓에 활기를 불어넣었다.

16세기 중반부터 시작된 크리스마스 마켓은 잠시 뜻하지 않은 휴식기를 맞이했다. 2020년과 2021년에 마켓 개장이 연이어 취소되면서 광장에 쓸쓸한 적막이 흐르게 된 것. 2022년 말에 다시 개장했지만 예전의 활기찬 분위기는 찾아보기 힘들었다.

그럼에도 그날의 다정한 순간들은 기억 속에 오롯이 남아 있다. 흩어진 기억의 편린들을 모으며 연말의 헛헛한 마음을 살포시 달래본다. 그 어느 때보다 따뜻한 분위기가 그리운 크리스마스다.

3부

설렘 가득한 책공간을 지은 도시

Berlin

Firenze

Weimar

Stuttgart

Admont

Helsinki

London

지하의 빈 책장에 담긴
격동의 소용돌이

Berlin

독일 베를린의 중심 전경

"어느 도시도 베를린만큼 멋지지 않고 자유롭지 못했다"

어두운 지하에 둥지를 튼 도서관이 있다. 종이 냄새를 맡을 수도, 책을 꺼낼 수도, 그렇다고 내부에 들어갈 수도 없다. 그저 눈으로 바라볼 수밖에 없는 도서관이 독일의 수도 '베를린'에 들어섰다.

유리창 안에 보관된 매장도서관의 이야기다. 왜 하필이면 지하에, 그것도 텅 빈 책장으로 존재해야 했을까. 그날의 반문명적 행위를 기억하기 위해서다.

1933년 5월 10일, 나치 제복 차림의 군중이 떼를 지어 베를린의 베벨 광장으로 몰려든다. 한 손에 횃불을 들고 리하르트 바그너의 〈순례자의 합창〉을 따라 부르던 이들은 약속이라도 한 듯 중앙에 멈춰 선다. 그곳에는 2만 권이 넘는 책들이 탑처럼 쌓여 있었다.

켜켜이 쌓인 책의 탑, 지켜보는 군중들의 열기. 어쩌면 활활 타오르는 횃불보다 더 두려운 건 광기에 휩싸인 그들의 눈이 아닐까. 격정의 무리 속에는 대학생과 교수도 있었다. 칼날이 스치기만 해도 베일 것 같은 긴장된 순간, 누군가의 목소리가 들린다.

나치 정권의 선전 장관 파울 요제프 괴벨스다. 선동의 달인이라고 불렸던 미치광이 연설자 괴벨스는 "더러운 정신들을 모조리 태워라!"라고 외친다. 그와 동시에 군중은 책더미에 횃불을 던진다. 그 유명한 책의 화형식이 자행된 것이다.

분서 목록에는 정치 서적뿐만 아니라 역사, 철학, 과학, 문학 등 여러 분야의 책이 포함되었다. 카를 마르크스, 알베르트 아인슈타인, 지그문트 프로이트 등 유대인 학자와 작가들의 책은 물론 나치를 비판한 책까지 리스트에 올랐다.

책은 지식과 사상을 담고 있는 기록물이다. 괴벨스는 책이 사람들의 일상에 깊이 자리 잡고 있고, 지식의 고리가 한 번 연결되면 떼려야 뗄 수 없다는 걸 누구보다 잘 알고 있었다. 그랬기에 독일 정신, 아니 나치 정신에 어긋나는 책들을 모조리 불태우고 싶었을 것이다.

2만 권의 책들이 장작처럼 검게 불타오른다. 그 모습을 지켜본 이들은 광기에 차 환호성을 지른다. 중세 시대 마녀사냥이 떠오르는 끔찍한 광경이자 전 세계를 경악하게 한 반문명적 퍼포먼스였다.

책의 화형식이 진행되고 있던 당시, 독일 작가 오스카 마리아 그라프는 자신의 책이 분서 대상에서 제외되었다는 소식을 접하곤 이런 불명예를 당하고 싶지 않다며 오스트리아 신문사에 "나를 불태우라."라는 분노의 목소리를 담은 기고문을 올렸다.

당시 독일 언론은 침묵했고 방관했다. 책의 화형식이 언론과 출판, 집회와 결사의 자유를 막는 시작임을 모르지 않았을 터. 얼마 지나지 않아 공개적인 분서 행위는 독일 전역으로 퍼져 나갔다. 곧 유대인과 지식인에 대한 탄압이 시작되었고, 결국 수많은 작가가 망명한다. 독일은 문화를 잃었다.

문화는 상실했지만, 기록은 멈추지 않았다. 광기의 흔적을 도시에 새 김으로써 상실의 시대를 수면으로 끄집어 올렸다. 그런 의미에서 베를 린은 기억의 도시 같기도 하다. 이 도시는 언제나 격동의 소용돌이 한 가운데 있었다.

프로이센 왕국의 영광이 남아 있는 곳이었고, 제2차 세계대전으로 잿더미가 되었다가 바로 동서 분단의 아픔을 겪은 곳이었으며, 자본주 의와 공산주의의 체제 선전장으로 활용되었던 곳이었고, 결국 베를린 장벽을 부수고 통일을 이룩해낸 곳이었다. 그 격동의 역사는 베를린을 동서로 나눈 43km 장벽의 붕괴와 함께 마침표를 찍었다.

무너진 장벽에 시대정신을 담은 그림들이 그려지며 세계에서 가장 긴 야외 갤러리로 재탄생했다. 이념과 갈등으로 단절된 공간을 예술이 채움으로써, 장벽의 지난날을 회고하는 강력한 매개체가 되었다.

이렇듯 기억해야 할 역사를 고스란히 보관하고 있는 도시다 보니, 베 를린은 기록의 조형물들로 넘쳐난다.

─────── **책을 태우는 건 시작일 뿐이다**

베를린은 지성과 정신을 송두리째 불태워버린 그날을 기록하기로 결심한다. 이 프로젝트는 유대인 예술가 미하 울만에게 맡겨졌다. 그는 베를린의 심장부인 베벨 광장 한복판에 거대한 구덩이를 파 내려갔다.

그곳에 책 한 권 없는 책장을 만들고, 그 위를 유리창으로 덮었다.

책의 화형식이 있던 그날의 역사를 매장도서관으로 시각화한 것이다. 매장도서관은 이유도 없이 잿더미가 되어야만 했던 책들의 무덤 같기도 했다. 그리고 그 무덤 옆에는 기념비가 책처럼 펼쳐져 있었다.

"그것은 단지 서막에 불과하다. 책을 태우는 건 시작일 뿐이다. 결국에는 사람도 불태울 것이다."

_하인리히 하이네

낮보다 밤의 도서관이 더없이 영롱하게 빛난다. 어둠이 찾아오면, 기다렸다는 듯이 자신의 존재를 또렷하게 드러낸다. 컴컴한 밤 불타는 책만 이 공간을 밝힌 것처럼, 그날의 광기와 무력감을 떠오르게 한다.

그래서일까. 텅 빈 공간을 내려다보면 한없이 공허해진다. "사람도 불태울 것이다."라는 하이네의 예언은 현실이 되었고, 그 참혹한 시대가 남긴 역사는 생채기가 되어 아프게 다가왔다.

독일은 광장에 공백을 지었다. 잿더미가 되어 사라지고 묻힌 지성을 무의 공간으로 표현했다. 책 한 권 없는 도서관은 그날의 폭력과 광기, 그리고 방관을 여지없이 보여줬다. 만약 이 도서관이 현대식 건축물로 지어졌다면, 이토록 시선을 붙들지는 못했을 것이다.

지하에 빈 곳으로만 존재했기에, 그 자체로 강렬한 울림을 전달했다. 그리고 우리로 하여금 다시는 일어나선 안 되는 비극의 시대를 돌아

베벨 광장 한복판의 매장도서관

보게 하고, 편견에 사로잡혀 누군가를 배척하는 게 얼마나 반문화적인
폭력인지를 기억하도록 했다.

　자랑스러운 역사를 간직한 도시는 많다. 반대로 지우고 싶은 과거를
기록하는 도시는 거의 없다. 베를린은 부끄럽고 치욕스러운 역사를 시
각화했다. 그러니 유럽의 그 어느 도시를 가더라도 베를린만큼 멋지지
않았고, 베를린만큼 자유롭지 못했다.

피렌체

시대와 세계를 초월해
영원히 남겨질 고전

Firenze

이탈리아 피렌체 전경

"피렌체는 역사상 가장 찬란한 예술을 꽃피웠다"

한 시대의 영광을 고스란히 가둬 놓은 도시를 찾았다.

예술을 꽃피운 찬란한 시대였다. 길모퉁이를 돌 때마다 위대한 작품들이 숨넘어가듯 펼쳐졌다. 붉디붉은 벽돌을 품은 도시는 고고했고, 건축물마다 숨겨진 이야기는 우아했다. 지금으로부터 약 500년 전, 이 거리를 활보하고 다녔을 예술가들의 잔상이 아른거렸다.

이름마저도 아름다운 그곳은 바로 이탈리아의 '피렌체'다. 피렌체의 또 다른 이름은 플로렌티나(Florentina), '꽃피는 마을'이다. 도시의 뜻처럼 피렌체는 역사상 가장 찬란한 예술을 활짝 꽃피웠다. 우리는 그 시대를 고대 그리스로마의 부활이라고 쓰고, 르네상스라고 부른다.

한 시대에 한 명의 천재도 탄생하기 힘든데, 르네상스 시대에는 수많은 천재가 동시에 쏟아져 나왔다. 산드로 보티첼리, 미켈란젤로 부오나로티, 레오나르도 다빈치, 니콜로 마키아벨리 등 위대한 예술가들이 경쟁하듯 시를 쓰고 조각을 다듬고 그림을 그렸다. 르네상스라는 아름다운 시대가 꽃의 마을에서 태동한 것이다.

그 중심에는 메디치 가문이 있었다. 메디치가는 당시 벤처산업이던 은행업에 뛰어들어 막대한 돈을 벌어들였다. 단박에 재벌 서열에 들어서며 피렌체를 대표하는 가문으로 성장한다.

그들은 돈을 축적하는 일에만 집중하지 않았다. 가문을 위해서, 그리고 아름다운 도시 피렌체를 위해서 필요한 건 인문주의 운동과 예술의 부흥이라 믿었다. 학자들이 모여 철학을 연구하는 플라톤 아카데미를 만들고, 재능 있는 예술가들을 적극적으로 후원했다.

메디치가의 전폭적인 지원으로 피렌체는 예술의 전성기를 맞이한다. 그 단단한 힘의 원천에는 인문주의 도서관이 있었다. 코시모 데 메디치는 산 마르코 성당에 개인 도서관을 만들어 필사본과 초기 인쇄본 등 고대 희귀 서적을 수집하는 데 아낌없이 돈을 쏟아부었다.

무엇보다, 메디치가는 지식을 독점하지 않았다. 모든 피렌체 시민에게 도서관을 개방해 귀중한 장서들을 공개했다. 가문을 위해 설립한 도서관은 시민을 위한 지식 창고가 되었다. 피렌체에서 이탈리아 최초의 공공도서관이 문을 열었다.

권력을 독점하면 독재가 된다. 시민들의 뜨거운 지지는 한순간에 차디찬 비난이 되어 돌아왔다. 1494년, 메디치 가문은 피렌체에서 추방당한다. 그러니 산 마르코 성당 도서관에 소장 중인 귀중본들을 안전하게 보관할 공간이 필요했다.

메디치 가문 출신 교황 클레멘스 7세는 산 로렌초 성당 회랑 2층에 도서관을 짓기로 결심한다. 피렌체 출신의 한 조각가에게 도서관 설계를 의뢰했는데, 로렌초 데 메디치의 양자로 입양된 르네상스 거장 미켈란젤로였다. 지혜의 길로 향하는 공간 라우렌치아나 도서관이 천재 조각가에 의해 탄생한다.

　한낮의 햇빛이 무색하게도 라우렌치아나 도서관 입구는 어두웠다. 도시의 모든 빛을 차단한 듯 스산한 기운이 감돌았다. 피부에 닿는 공기마저 차갑게 느껴졌다.

　미켈란젤로의 설계는 도서관의 계단에서부터 시작된다. 단순한 계단에 음악적 변주를 주듯, 중앙 계단은 둥근 곡선으로 그리고 좌우 계단은 직선으로 설계했다.

　세 개로 나눠진 계단의 폭은 점점 좁아지다가 끝에는 하나로 연결된다. 잿빛 계단을 올라 거대한 2층 문을 힘껏 열어젖혔다. 그 순간, 여과되지 않은 빛이 어둠을 뚫고 들어와 눈부시게 쏟아져 내렸다.

　미켈란젤로는 공간을 의도적으로 일치시켰다. 빛과 어둠을 시각화하고, 무지와 지혜를 형상화하며, 낮은 곳에서 높은 곳으로 개념화했다. 도서관의 계단은 어둠과 무지에서 벗어나 빛과 진리의 세계로 향해 치러야 하는 인고의 시간이었다. 간소하지만 밀도 높은 설계였다. 미켈란젤로는 빛의 도서관을 탄생시키며 도서관의 명성을 한껏 드높였다.

　무의 공간에서 벗어나 지혜의 세계로 들어섰다. 50미터에 이르는 복도식 서가와 정갈하게 들어선 창문들, 그 사이로 햇살이 잔잔히 스며들어 왔다. 빛이 만들어낸 자국은 너무나도 평온했다. 서늘한 입구와는 사뭇 대조적이었다.

서가를 따라 메디치 가문의 흔적을 좇았다. 도서관에는 메디치 가문이 오랜 시간 수집해온 필사본 1만 1천 권과 초기 인쇄본 4,500권, 그리고 2,500장의 파피루스 문서 등 약 12만 권이 소장되어 있다. 시대를 기록한 귀중본 앞에서 발걸음이 절로 숙연해졌다.

메디치 가문은 피렌체에 지적 흐름을 형성했다. 지식의 보고라고 불리는 도서관을 설립해 세상의 모든 서적을 수집했다. 그리고 피렌체 시민들에게 학문과 사상을 공유했다. 공공도서관을 통해 인문주의 토대를 뿌리내린 것이다.

'고전은 영원하다'라는 말이 있다. 과거에 널리 인정받았기에 고전이 되어 남았고, 시대와 세계를 초월해 지금까지도 사랑받고 있는 건 아닐까.

메디치가의 마지막 후계자, 안나 마리아 루이자 데 메디치는 가문이 소장한 예술품을 피렌체에 영원히 보관했다. 메디치 컬렉션 중 단 한 작품도 피렌체를 떠나서는 안 된다는 조건으로 피렌체시에 영구 기증한 것이다.

자본은 사라졌지만, 예술은 영원한 유산으로 남겨졌다. 고전의 영원성 덕분에 예술가를 후원한 가문은 영원히 높게 기억되었다.

라우렌치아나 도서관 내 복도

괴테가 평생 뿌리내린
고전문학의 보고

Weimar

독일 바이마르의 안나 아말리아 대공비 도서관 앞

"바이마르는 소중한 빛을 함부로 잃지 않을 것이다"

2004년 9월 2일, 독일 튀링겐주의 작은 도시 '바이마르'에 큰 화재가 발생했다. 건물 한 채가 화염에 불타올랐다. 화재 소식은 전 세계에 보도되었고, 모두가 안타까운 탄식을 쏟아냈다. 화마에 휩싸인 그곳은 독일 고전주의의 본산, 안나 아말리아 대공비 도서관이었다.

도서관을 사랑하는 모두가 잠들지 못한 밤이었다. 바이마르 시민들 역시 그랬다. 소중한 문화유산이 한 줌의 재가 되어 역사 속으로 사라지게 둘 수 없었다. 수백 명의 시민이 몰려와 순식간에 인간 띠를 만들었고, 한 권 한 권의 책이 손에서 손을 거쳐 옮겨졌다.

필사적으로 책을 구출해낸 도서관 직원과 시민들의 헌신적인 노력이 빛을 발했다. 그날 밤, 불 속에서 6천 권에 달하는 귀중한 자료들을 건져냈다. 그중에는 1534년 인쇄된 마틴 루터 번역 성경도 있었다.

하지만 한 여인이 수집한 악보집은 끝끝내 구해내지 못했다. 도서관은 가치를 매길 수 없는 큰 자산을 잃었다며 속상해했다. 그도 그럴 것이 악보의 주인은 도서관을 설립한 안나 아말리아 대공비였다.

이 유서 깊은 도서관의 역사는 바이마르 공국으로 거슬러 올라간다. 1739년, 브라운슈바이크볼펜뷔텔 공 카를 1세의 공주로 태어난 아말리아는 열여섯이 되던 해 바이마르 대공과 결혼해 왕비가 된다. 하지만 결혼 2년 만에 대공이 사망하는 불운이 닥쳐온다. 그러나 아말리아는 위기를 기회로 만드는 지혜로운 사람이었다. 그녀는 유능한 재상을 임명해 공국의 재정을 강화한 후, 독일의 변방이었던 바이마르를 문화 중심지로 만들겠다는 야심 찬 계획을 세운다.

1761년, 그녀는 개인 저택인 초록성을 로코코 양식으로 개조해 아름다운 도서관을 만들고 장서와 서적, 희귀본을 모으기 시작한다. 그뿐만 아니라, 당대 지성들을 초청해 독서회와 음악회를 연다.

이때 바이마르에 온 한 젊은 문학가가 있다. 독일이 낳은 세계적인 대문호, 요한 볼프강 폰 괴테다. 그 무렵, 괴테는 별 중의 별이었다. 『젊은 베르테르의 슬픔』은 괴테를 베스트셀러 작가 반열에 올려놨다.

유럽 전역에 문학적 명성을 떨치고 있던 괴테가 바이마르에 온 것이다. 그를 초청한 이가 바로 안나 아말리아 대공비의 아들 카를 아우구스트였다.

어린 대공과 문학 청년의 역사적인 만남이었다. 괴테는 인생의 커다란 전환점을 맞는다. 스물여섯 나이에 바이마르에 발을 디딘 괴테가 세상을 떠나는 그 순간까지 이곳을 떠나지 않았으니까.

괴테는 56년의 긴 세월을 행정가로서, 문학가로서, 그리고 재상으로서 바이마르와 함께했다. 무엇보다, 괴테는 바이마르의 품격을 한껏 드높였다. 그의 명성에 힘입어 수많은 지식인이 바이마르로 몰려들었고, 독일 고전주의의 꽃을 찬란하게 피웠다. 그 중심에는 괴테가 35년간 관장으로 재직한 안나 아말리아 대공비 도서관이 있었다.

괴테는 도서관 운영을 체계화했고, 유럽에 있는 서적과 문헌들을 수집했다. 5만 권에 불가했던 장서를 8만 권으로 늘려 도서관 규모를 키웠다. 무엇보다,『파우스트』원본과 5,424권에 이르는 개인 장서를 남길 정도로 도서관에 대한 애정이 각별했다.

──────── 국격은 위기 때 민낯을 드러낸다

안나 아말리아 대공비 도서관의 문화적 자긍심을 끌어올린 대문호 괴테. 그는 이곳이 '독일 최고의 고전주의 중심 도서관'이라는 명성을 얻는 데 결정적인 역할을 했다.

바이마르는 괴테 탄생 250주년을 기념해 본관 옆에 현대식 도서관을 신축한다. 신관은 독일의 첨단 디자인을 보여주듯 빈틈없이 반듯했다. 정사각형의 벽면을 모두 서가로 채우고, 지하 2층부터 지상 4층의 홀을 하나로 연결했다. 거대한 지붕은 창문이 되어 서가로 빛을 내보냈다. 층층이 책으로 둘러싸여 있는 원목의 서가가 멋스럽게 어우러졌다. 더할 나위 없이 완벽한 책 큐브의 세계를 구현한 것이다.

중세 필사본과 지도, 루터 번역 성경의 초판본과 괴테의『파우스트』완판본, 셰익스피어 컬렉션을 비롯한 약 100만 권의 장서를 보유하고 있는 도서관의 가치는 엄청나고 또 귀중하다. 그런 도서관이 2004년 화염에 휩싸인 것이다.

안나 아말리아 대공비 도서관 로코코홀

노후화된 전선에서 시작된 불은 순식간에 타올랐고, 아름다운 로코코홀이 자리한 초록성을 불태웠다. 모두가 슬픔에 잠겼다. 5만여 권의 귀중본이 소실되었고, 6만여 권이 심각하게 훼손되었다. 안나 아말리아 대공비 도서관을 구하자는 자성의 목소리가 번졌다. 도서관을 복구하기 위한 재단 활동이 이어졌고, 시민단체는 세계 각지로부터 기부금을 모았으며, 대통령이 직접 복구 프로젝트의 후원자로 나섰다.

바이마르를 향한 온정의 손길이 이어졌다. 범국민적 지원 덕분에 복원 작업은 순조롭게 이뤄졌고, 물 피해로 훼손된 책들은 대다수 복원되어 도서관으로 돌아왔다.

그리고 2007년, 안나 아말리아 대공비 도서관은 다시 문을 활짝 열었다. 도서관 직원들의 헌신적인 노력과 시민들의 자발적 참여가 있었기에 가능했다.

무엇보다, 독일은 도서관에 모든 책임을 전가하는 대신 화재 예방을 위한 최선의 길을 모색해 나갔다. 문화재 화재에 대비한 규정을 강화했고, 물 사용을 현저히 줄인 하이포그 첨단 소화 시스템을 도입해 사고에 철저히 대처했다.

'유럽 최고의 문화강국' 바이마르로의 항해는 지난했지만, 그 길목에서 만난 이들은 강직했다. 지혜로운 안나 아말리아는 문화의 토대를 다졌고, 대문호 괴테가 고전주의의 길을 열었으며, 용감한 시민들은 도서관 보존을 위해 행동했다.

문화재 소실은 독일인들에게 뼈아픈 교훈을 남겼다. 국격은 위기 때 민낯을 드러낸다. 시민들은 화재로 생긴 마음의 상처를 이겨내고, 복구에 열과 성을 다했다. 도서관을 지키기 위한 헌신과 노력이 빛을 발했기에, 바이마르는 소중한 빛을 함부로 잃지 않을 것이다.

유의미한 무의 공간,
도서관에 새겨진 한글

Stuttgart

독일 슈투트가르트 전경

"지식의 큐브 때문에 슈투트가르트를 찾았다"

독일의 남부 도시, '슈투트가르트'를 찾은 건 지식의 큐브 때문이었다. 오롯이 이 회색빛 도서관 하나 보려고 발걸음했다.

시립 도서관의 첫인상은 단조로웠다. 반듯한 정육면체에 네모난 유리블록들이 채워진 건물이었다. 한 치의 오차 없이 도서관 사면을 장식한 9×9 배열은 소박하지만 심심하진 않았다.

언뜻 보면 거대한 박스 같기도 하고, 꽉 막힌 감옥 같기도 했다. 건축가가 의도한 게 절제된 여백의 미였는지도 모르겠다.

규칙적으로 쌓아 올려진 블록을 정처 없이 따라 올라갔다. 텅 빈 상층부에 시선이 꽂혔다. 그곳에 새겨진 언어를 확인하는 순간, 뿌듯함과 자랑스러움이 밀려왔다.

드디어 찾았다. 아름다운 우리의 언어, 한글이다.

건물 사면에는 도서관을 뜻하는 네 개의 언어가 각각 쓰여 있다. 독일어 'Bibliotheca', 영어 'Library', 아랍어 'مكتبة', 그리고 한글 '도서관'. 동서남북 사방을 상징하는 사면에 적혀진 네 개의 언어, 그중 동양을 대표하는 언어로 한글이 선택된 것이다.

도서관과 한글의 만남은 온전히 건축가의 의지에서 비롯되었다. 1999년, 슈투트가르트시는 새로운 도시 계획을 담은 '슈투트가르트

슈투트가르트 도서관 내

21'을 계획한다. 이 프로젝트의 구심점으로 선택된 건 다름 아닌 도서 관이었다.

"정원과 도서관만 있다면 삶에 필요한 모든 걸 가진 것이다."라는 고 대 로마의 철학자 마르쿠스 툴리우스 키케로의 말처럼, 슈투트가르트 도심 한복판에 낙원이 들어선다. 당시로선 파격적인 도시 계획이었다.

슈투트가르트시는 도서관 설계를 위한 디자인 공모전을 개최한다. 건축비만 무려 7,900만 유로, 당시 한국 돈으로 약 1,190억 원이 투입 된 어마어마한 프로젝트였다.

공모전의 열기는 뜨거웠다. 건축가라면 탐나지 않을 수 없는 프로젝 트였다. 총 234개의 디자인 중 1등으로 선정된 이는 바로 한국인 이은

영 건축가. 쟁쟁한 건축가들을 제치고 당당히 도서관 설계를 거머쥐었다. 그렇게 2011년 10월, 거대한 책의 신전이 슈투트가르트 도심에 들어선다.

이은영 건축가는 건물 사방에 문화를 새기고 사대문을 열었다. 동서남북 어느 문으로 들어가도 도서관은 하나의 공간으로 연결된다.

자연스레 발걸음이 중앙으로 향했다. 겹겹이 쌓인 문을 통과해 도서관의 심장에 들어서는 순간, 탄성이 쏟아져 나왔다. 절제미에 사로잡히고 고요함에 숨이 멎었다. 텅 빈 공간이 마음을 달뜨게 만들었다.

4층 높이의 심장은 무의 공간이다. 그곳에는 아무것도 존재하지 않았다. 인위적인 것들을 비워낸 공간에 자연의 소리만 울렸다. 사막의 오아시스처럼 메마른 바닥에 물이 솟구친다. 그 정적인 소리가 공명하듯 퍼져 나갔다. 사유를 이끄는 차분한 울림이었다.

흙을 빚어 그릇을 만들 때 그릇에 무의 공간이 있기에 그릇으로 가치가 생긴다는 노자의 말씀처럼, 유는 무가 있기에 쓸모를 가진다.

책의 신전에 들어선 심장은 유의미한 공백이었다.

───────── 비움과 채움의 미학이 공존하는 공간

가끔 그런 날이 있다. 움켜쥔 것들을 놓고 흘러가는 대로 맡겨두고 싶은 하루. 그런 날이면, 도서관을 찾았다. 생각은 답을 주지 않고 오히려 더 많은 생각을 얹을 때, 책을 집는다.

의식의 흐름대로 글을 읽다 보면 머릿속을 부유하던 온갖 생각이 점점 옅어져 간다.

그 해방감이 참 좋았다. 이곳 슈투트가르트 도서관은 서가를 채우는 대신 시민들에게 공간을 내줬다. 잠시 쉬어 가기에, 잠시 숨기에 적당한 정적과 고요였다.

5층부터 시작되는 서가는 비움 속 채움의 공간이다. 거대한 네 벽면 전체를 서가로 채우고 그 서가를 따라 시계 방향으로 도는 계단을 설치했다.

무엇보다, 이곳의 압권은 색이다. 바닥, 천장, 벽 등 모든 설치물이 희다. 새하얀 서가를 채색한 건, 책과 책을 읽는 사람이었다.

도서관의 주인공만이 색을 지녔고, 책과 사람이 공간을 채워 나갔다. 그리고 천장에서 쏟아지는 빛이 무대 위 주인공들을 환하게 밝혀줬다. 공간에 깃든 아름다움을 활자로 표현하지 못한다는 사실이 그저 유감스러울 뿐이다.

슈투트가르트 도서관은 책을 쌓아두는 창고에 갇히지 않았다. 24시간 열려 있는 '잠 못 드는 사람을 위한 도서관'을 실현하고, 아트센터가 소장한 그림을 대여해주며, 디지털 시대에 맞는 스마트한 멀티미디어를 제공한다. 책의 울타리를 뛰어넘은 것이다.

여기서, 도서관은 한 걸음 더 나아갔다.

디지털 기기로 가득한 건물에 사유하고 성찰하는 무의 공간을 지었다. 그곳에서 사람들은 내면의 자아를 살피며 저마다의 가치관을 세웠다. 아낌없이 주는 나무처럼 정보와 지식, 문화와 배움, 사색과 명상의 기회를 제공했다.

슈투트가르트 도서관은 정신적 구심점으로 진화한 지식의 큐레이터였다. 비움과 채움의 미학이 또렷하게 공존하는 귀한 공간이다.

가장 아름다운 도서관이
지식을 보관하는 법

Admont

오스트리아 아드몬트의 아드몬트 수도원 도서관 내부

"많은 이의 발걸음이 알프스의 깊은 산중 아드몬트로 향한다"

빈으로 향하는 길 위에서 '아드몬트'를 만났다. 다분히 의도된 만남이었다. 이곳에 세상에서 가장 아름다운 도서관이라 불리는 아드몬트 수도원 도서관이 있었으니까.

오스트리아의 험준한 알프스산맥에 폭 감겨 있는 아드몬트는 한적했고 또 평온했다. 들숨과 날숨 속에 오래된 책 냄새가 듬뿍 묻어났다.

아드몬트 수도원의 시작은 1074년으로 거슬러 올라간다. 유럽에서 가장 오래된 가톨릭 수도회인 베네딕토 수도원이 깊은 산속 오지 마을에 세워진다. 베네딕토회는 엄격한 계율을 기반으로 복종, 청빈, 정결을 원칙으로 내세우며 유럽 수도회의 기반을 마련했다.

그러다 보니, 베네딕토 수도원에서 지켜야 하는 중요한 일과가 있었다. 노동, 기도, 그리고 독서였다. 그중에서도 독서를 특히 중요시했고, 도서관이 없는 수도원은 무기고가 없는 요새와 다름없다고 믿었다.

창립 당시 수도원에는 잘츠부르크에서 가져온 몇 권의 책만 있었다. 도서관이라 하면, 응당 그에 걸맞은 책들을 소장하고 있어야 하는 법. 수도원은 필사본 제작에 본격적으로 팔을 걷어붙이기 시작했다.

중세 초기, 수도원은 어떻게 그토록 많은 책을 필사할 수 있었을까. 당연히 오늘날의 인쇄기와 같은 기계는 존재하지도 않았다. 심지어 구텐베르크의 활판 인쇄술은 15세기에 등장했다. 즉 당시에는 활자를 찍어낼 수 있는 그 어떤 기술도 존재하지 않았다.

필사본 제작을 위해 필요한 건, 오로지 손뿐이었다. 그것도 수도사들의 섬세한 손. 도서관 내에 자체 필사실을 만들어 저작물을 필사하고 채색해 수많은 필사본을 제작해낸다.

책의 소중함을 잘 알기에 수도원은 책 만드는 필사 작업을 중요시했다. 필사는 수도사들의 주요 업무이기도 했다.

———————— 세상에서 가장 아름다운 도서관

수도사들의 필사 덕분에, 현재 아드몬트 수도원 도서관은 약 22만 권에 달하는 장서를 소장하고 있다. 수도원 도서관으로선 최대 규모다. 서적의 분야도 종교, 철학, 법학, 의학, 과학에 이르기까지 여러 분야를 망라하고 있다.

역사가 오래되고 귀중한 자료들을 소장하고 있다고 해서 아드몬트 도서관이 유명해진 건 아니다. '세상에서 가장 아름다운 도서관'이라는 명성을 얻게 된 데는 바로크 양식의 아름다운 건축이 한몫했다.

아드몬트 수도원 도서관은 바닥부터 장관을 이룬다. 무려 7,500개의 대리석을 사용해 기하학 문양의 바닥을 깔았고, 기둥과 벽은 하얀 대리석으로 올렸다. 그리고 서가 사이사이에 창문을 만들어 햇빛이 들

아드몬트 수도원 도서관 내

어오게 해 온통 금빛으로 빛나는 공간을 탄생시켰다.

도서관의 놀라움은 여기서 그치지 않는다. 전체 홀의 길이만 무려 70미터에 이르는, 세계에서 가장 긴 홀을 가진 수도원 도서관을 완성했다.

얼핏 보면 내부가 하나로 연결된 것처럼 보이지만, 자세히 보면 서로 다른 주제를 가진 세 개의 홀로 나눠져 있다. 그리고 세 개의 홀은 천장을 기준으로 예술, 자연과학, 신학, 신앙, 심판, 역사, 철학을 주제로 일곱 개의 방으로 분리했다.

무엇보다, 지혜와 지식이라는 주제로 돔에 그려진 프레스코화는 도서관의 고전미를 한층 돋보이게 했다. 건축과 예술, 고전이 아우러진 아드몬트 수도원 도서관은 인간의 손에서 탄생한 작품이라고는 믿기지 않을 만큼 아름답고 또 웅장했다.

베네딕토 수도원은 "책 없는 수도원은 무기 없는 성과 같다"라며, 책 읽기를 중요시했다. 수도사에게 책은 영적이며 지적인 무기였다. 독서와 책에 관한 관심은 수도원 도서관의 성장으로 이어졌다. 유럽 최초의 도서관은 학문의 메카였던 수도원에서 출발했다고 할 수 있다.

그리스 로마 시대의 고전과 중세 가톨릭의 중요 문헌을 수집했고, 필사본을 제작해 지식을 공유했다. 무엇보다, 귀중한 자료들을 도서관에 철저히 보관하고 비밀리에 지켰다. 수도원의 고립성 덕분에 인류의 유산은 훼손되지 않은 채 다음 세대에게 온전히 전해졌다.

안타깝게도, 유구한 역사를 간직한 아드몬트 수도원 도서관에도 뜻하지 않은 시련이 찾아왔다. 나치가 오스트리아를 합병하면서 수도사들을 추방하고, 수도원의 귀중한 자료들을 정치범 수용소로 옮겨버렸다. 아드몬트 역시 제2차 세계대전을 피해 가지 못했던 것. 그렇게 지식의 보고는 폐허로 남겨진다.

전쟁이 끝난 후, 아드몬트 도서관을 재건하기 위한 복원 작업이 진행된다. 도서관은 잃어버린 장서들을 상당수 회수했고, 손상된 천장과 벽을 복원해 과거의 영광을 재현하려는 각고의 노력을 기울였다.

천년의 역사를 지닌 수도원을 지키고 인류의 소중한 자산을 보존하는 것, 그 노력의 가치를 잘 알기에 많은 이의 발걸음이 알프스의 깊은 산중으로 향하고 있다. 세상에서 가장 아름다운 도서관을 오롯이 담기 위해서.

핀란드가 국민에게 헌정한
지식의 허브

Helsinki

핀란드 헬싱키 전경

"헬싱키가 천국이 되는 마법이 일어난다"

길모퉁이를 돌 때마다 보이는 '헬싱키'의 풍경은 이채로웠다. 칙칙하고 어두운 분위기를 풍길 거란 예상은 완전히 빗나갔다. 도시는 현대적이었고, 디자인은 세련되었다.

헬싱키는 오직 건축만으로도 미래도시 설계가 가능하다는 걸 보여줬다. 아모스 렉스 미술관과 언덕 놀이터, 키아즈마 현대미술관과 깜삐 예배당으로 이뤄진 도시의 디자인은 가히 놀라웠다.

도시 자체가 디자인 박물관이 된 헬싱키에 유독 시선을 끄는 건축물이 있다. 푸른 잔디 위에 세워진 건물은 마치 도심을 유영하는 거대한 선박처럼 다가왔다. 흰 눈이 소복이 쌓인 그 공간에 발을 디딘 순간, 헬싱키가 천국이 되는 마법이 일어난다.

자연 친화적 공간 설계가 돋보인 그곳의 이름은 오디. 책으로 가득한 헬싱키의 중앙도서관이다. 오디는 헬싱키 시민들에게 도서관 이상의 의미를 지닌다. 국가가 국민에게 헌정한 공공 건축물이기 때문.

핀란드는 1917년 독립 전까지, 무려 100년 동안 러시아의 지배를 받았다. 이후 핀란드는 자주권을 지키기 위해 1939년 러시아와 겨울 전쟁을 치른다. 핀란드는 강인하게 싸웠지만, 영토의 약 10%에 해당하는 카렐리야 동부 지역을 러시아에 내준다.

시련을 딛고 1인당 GDP 4만 달러의 북유럽 경제 대국 자리에 오른 핀란드는 독립 100주년을 기념해 상징적인 건축물을 짓는다. 바로 오디 도서관이다.

이 기념비적인 도서관을 준비하는 데만 무려 20여 년의 시간이 걸렸다. 국가에서 추진한 프로젝트지만, 국가가 모든 걸 주도하진 않았다. 오디라는 이름도, 이용자를 위한 시설도, 건축 설계에도 시민들의 아이디어와 의견을 반영했다. 오랜 시간 시민들과 함께 차곡차곡 쌓아올린 공공 프로젝트였던 것. '국가와 국민이 받은 100살 생일 선물'이란 애칭이 탄생할 만했다.

──────── 모두를 반기는, 누구에게나 열린 공간

오디 도서관은 모두에 의한, 모든 걸 위한 공간을 지향한다. 팸플릿 뒷면에 쓰여 있는 문장만 봐도 알 수 있다. '오디는 우리 모두를 위해'. 그래서 카페와 레스토랑, 영화관이 있는 1층은 마치 헬싱키 시민들을 위한 거실처럼 안락했다. 여름에는 시원한 그늘막이 되어주고 겨울에는 따뜻한 온기로 감싸줄 것만 같다.

2층으로 올라가면 스마트한 세상이 펼쳐진다. 3D 프린터, 가상현실 VR, 음악 영상 제작 스튜디오, 게임방 등 최신 기술 장비로 가득했다. 재봉틀로 식탁보를 만들고, VR 게임을 즐기며, 3D 프린터로 그림을 인쇄하는 모습이 전혀 어색하지 않았다. 자유롭게 놀면서 디지털 기기를 배우는 유쾌한 놀이터처럼 다가왔다.

2층이 신비한 디지털 공간이었다면, 3층에선 무한한 책의 세계가 펼쳐진다. 자료실은 다른 층과 달리 공간을 구획화하지 않았다. 어른 키보다 낮은 책장은 도서관 특유의 답답함에서 벗어나 자유로운 분위기를 자아냈다. 운동장처럼 넓은 공간이지만, 오히려 아늑하게 다가왔다. 나무의 적절한 쓰임 덕분이 아닐까 싶다.

발 디디는 공간은 모두 나무로 만들어졌고, 나무 바닥의 기울기는 서로 달랐다. 직선과 곡선이 부드럽게 교차하는 서가는 포근한 숲속을 유영하듯 안락하게 다가왔다.

천장의 부드러운 곡선을 따라가다 보면, 군데군데 나 있는 둥근 채광창이 시선을 사로잡는다. 태양은 살아 있는 조명이 되어 서가로 밝은 빛을 보낸다. 서가로 스며든 자연 조명은 초록빛 나무를 자라게 한다.

나무 바닥, 그 위의 나무, 그 생명체를 비춰주는 햇빛이 보드랍게 어우러졌다. 자연이 살아 숨 쉬는 근사한 공간이었다. 빛과 나무 향으로 가득한 서가를 채워주는 또 다른 존재가 들려왔다. 다름 아닌 시끌벅적한 소음이었다.

도서관은 정적인 공간이다. 다른 이의 독서를 방해하면 안 되기에 불편한 소음을 내지 않으려 조심해야 한다. 한국뿐만 아니라 대부분의 나라에서 통용되는 암묵적인 질서다. 그런데 오디는 숨 막히는 긴장감을 깨뜨린다. 그리고 우리에게 "도서관이 단순히 책을 보관하고 대여

해주는 공간이어야 해?"라며 질문을 던진다.

3층의 서가는 사람들의 대화로 넘쳐났다. 학생들의 토론, 어른들의 대화, 아이들의 재잘거림으로 가득했다. 심지어 아이와 어른의 공간을 구분하지 않았다. 도서관에서 아이들은 카펫 위를 뛰어다녔고 부모와 함께 책을 읽으며 이야기를 나눴다.

책 읽는 공간에서의 소음이 자칫 거슬릴 수도 있지만, 그 누구도 인상을 찌푸리지 않았다. 유리창 한쪽 벽면에 주차된 유모차들의 귀여운 행렬에 미소를 짓는 것처럼. 오디는 모두를 반겼고, 누구에게나 열린 공간이 되어줬다. 세대 간의 벽을 세우지도 공간의 쓰임을 제약하지도 않는 모습이 부러울 정도로 인상적이었다.

핀란드는 다가올 미래를 도서관으로 준비했다. 오디는 기존의 관습을 깨고 미래를 준비하는 공간을 창조했다. 그곳에서 모두가 편견 없이 자유롭게 어우러졌다. 첨단 기술을 배우고, 세대가 소통하며, 서로를 이해했다. 그렇게 도서관은 단순히 책 읽는 공간을 넘어 소통의 공간이자 지식과 영감의 허브가 되었다.

그 결과, 하루 2만 명이 넘는 이용자가 다녀가며 2019년 올해의 도서관으로 선정되는 기염을 토했다. 가까운 미래에 대한민국의 수도, 서울에도 모든 세대가 소통하는 근사한 공공도서관이 지어지길 꿈꿔본다. 그 공간이 광복 100주년이라는 기념비적인 상징성을 담는다면 더할 나위 없이 소중할 것이다.

오디 중앙도서관 전경

마음의 근육을 채우는
2평짜리 여행지로

London

"런던을 수놓은 서점들은 고유한 취향을 판다"

어디론가 훌쩍 떠나고 싶지만 현실은 그렇지 못할 때 찾아가는 장소가 있다. 짙은 책 향기 가득한 동네 서점이 바로 그곳. 책방에 가면 자연스레 여행 서적이 모여 있는 가판대로 발걸음을 옮긴다. 그곳에는 미지의 세상이 들려주는 이야기로 넘쳐난다. 아담한 서점에서 작은 위로를 받으며 헛헛한 마음을 다독이곤 한다.

서점은 현실에서 만나는 2평짜리 여행지다. 책 속 문장은 고스란히 마음에 와닿아 여행의 설렘을 증폭시킨다. 낯설고 생경한 도시로 나를 이끈다. 여행하는 나라의 언어로 쓰인 책들은 차곡차곡 쌓이고, 책 읽는 공간을 찾는 여행자가 된다.

누구에게나 저마다의 여행이 있다. 그리고 여행의 묘미는 뜻하지 않은 곳에서 찾아온다. 내겐 '런던'이 그랬다. 서점 찾아가는 수고스러움을 잊고 책장 넘기는 재미를 알려줬다.

여행지에서 만난 서점은 낯설었고 종이책은 익숙했다. 가끔은 그 묘한 낯섦이 좋았다. 다른 크기, 낯선 표지, 타국의 언어로 인쇄된 베스트셀러를 찾는 재미는 쏠쏠했으니까.

런던의 서점들은 확고하고 솔직한 취향을 드러냈다. 그중 수준 높은 북 큐레이션을 자랑하는 서점이 있다. 런던에서 가장 아름다운 서점이라 불리는 돈트북스다.

1990년 메릴본 하이스트리트에 문을 열 당시, 서점의 이름은 '여행자를 위한 돈트북스'였다. 여행 전문 서점답게 사람들의 마음을 사로잡는 여행 서가가 배치되어 있다.

이곳의 책 분류는 일반적이지 않다. '나라별로 정리된 책의 세계로'라고 대문짝만하게 쓰인 문구만 봐도 알 수 있다. 돈트북스의 주제이자 정체성이기도 하다. 아시아, 아프리카, 아메리카 등 각 대륙의 명칭과 함께 나라별 코너로 나뉜다.

문학, 소설, 여행, 미술 등의 장르가 나라에 따른 주제 아래 하나로 묶여 있다. 장르로 책을 분류하지 않고, 오히려 장르의 경계를 허물었다. 한국으로 여행을 떠나고 싶은 독자는 한국 코너에서 추리소설부터 문학, 여행 안내서에 이르는 다채로운 정보를 얻을 수 있다. 프리다 칼로의 아트북을 읽으면 멕시코로, 간디의 자서전을 집으면 인도로의 여행이 가능하다.

서점은 단순히 책을 판매하는 것을 넘어 여행하는 공간을 만들었고, 비슷한 취향을 가진 독자들을 끌어모았다. 무엇보다, 돈트북스의 초록색 에코백에 책을 한 아름 넣고 나올 때의 충만함을 잊을 수 없다.

아기자기한 램스 콘딧 스트리트를 걷다 보면, 온통 회색빛으로 물든 서점이 나온다. 잊힌 여성 작가들의 책을 모아 놓은 페르세포네 북스가 바로 그곳. 그리스 신화에서 창조적인 여성으로 그려진 페르세포네에서 모티브를 얻어 지어졌다.

페르세포네 북스의 시작은 재출간이었다. 잘 알려지지 않은 여성 작가들의 절판된 책을 세상에 내놓았다. 출판사로 시작한 서점답게 자신만의 정체성을 올곧게 담아낸다. 담담한 무채색으로. 서가에는 톤 다운된 회색의 표지들로 가득했지만 마냥 차갑게 다가오지 않았다.

페르세포네 북스는 잊힌 작가들에게 온정의 손길을 내밀었고, 그들의 작품을 놓지 않았다. 팔리기 힘든 책을 판매하는 일은 소외된 책을 출판하는 일만큼이나 어렵다. 페르세포네 북스가 런던을 떠나 바스로 이사 갔다는 소식을 접했다. 새로운 둥지를 튼 바스에서 오래도록 따뜻한 용기를 잃지 않길 바란다.

──────── **고유한 취향을 파는 런던의 서점들**

세상에 단 하나뿐인 콘셉트로 사랑받는 헌책방이 있다. 물 위를 둥둥 떠다니는 워드 온 더 워터다. 서점의 첫 출항은 오래된 바지선 구매였다. 배를 개조해 안락한 서가를 만들었고, 판타지를 자극하는 책방이 물 위에 띄워졌다. 장소의 한계를 부수고 미지의 공간을 개척한 것이다. 하지만 바지선 서점은 런던시의 허가로부터 자유로울 수 없었고, 결국 폐점 위기까지 몰린다.

안타까운 사연이 전해지자 런던 시민들이 서점 지키기에 나섰다. 시민들의 노력은 빛을 발했고, 바지선은 마침내 영구 정박을 허가받는다.

그렇게 워드 온 더 워터는 리젠트 운하의 한쪽을 당당히 차지했다. 런던의 중심 한복판에서 물 위의 지혜를 담은 채.

런던을 수놓은 서점들은 책이 아닌 고유한 취향을 판다. 영화 〈노팅힐〉의 한 장면이 그려지는 포토벨로 거리의 노팅힐 북숍, 오랜 역사를 자랑하는 채링 크로스의 고서점 핸리포드북스, 지도 여행자를 위한 꿈의 공간 스탠포즈, 왕실에 책을 납품해온 300년 역사의 해처스 등 저마다의 콘셉트와 이야기로 무장했다.

가는 곳마다 사람들로 북적였다. 런던 시민들에게 서점은 유년 시절의 한 페이지라고 했다. 추억이 깃든 장소는 그 어떤 것보다 소중하고 애틋하다. 서점은 묵묵히 자리를 지켰고, 사람들은 추억의 장소를 놓지 않았다. 오랜 시간 다정한 연대를 이어 나갔다.

마음에 내려앉은 기억은 의외로 헐거운 시간에 있다. 여행을 글로 읽으며, 언젠가 떠날 그날을 떠올리며, 상상만으로도 즐거워하던 책방에서의 시간처럼.

여행은 서서 하는 독서이고, 독서는 앉아서 하는 여행이라고 했다. 일상에 치여 잠시 잊고 있던 2평짜리 여행지가 그립다. 문지방 닳도록 드나들었던 그곳에서 다시, 마음의 근육을 채울 시간이다.

노팅힐 북숍

4부

휘게 라이프스타일을 읽는 도시

Bologna

Wien

Napoli

Bilbao

Montepulciano

Heidelberg

Matera

Copenhagen

Palermo

Freiburg

볼로냐

연대의 가지를 뻗어 나가는
협동조합의 에너지

Bologna

이탈리아 볼로냐 전경

"볼로냐의 오늘은 건강했고 안정적이었다"

'볼로냐'는 하나의 수식어로 정의되지 않는 도시다.

맛있는 음식으로 살찌우는 뚱보의 도시, 붉은 벽돌로 뒤덮인 붉은 지붕의 도시, 세계 최초의 대학교를 품은 현자의 도시, 크고 작은 탑들로 가득한 탑의 도시로 불린다. 볼로냐처럼 다채로운 수식어로 가득한 도시도 드물다. 그야말로 별명 부자다.

도시를 상징하는 붉은빛을 눈에 담으러 볼로냐에서 가장 높은 탑으로 향했다. 어디든 높은 곳이 좋았다. 건물과 도시, 하늘이 하나의 프레임 안에 담겼으니까. 무엇보다 도시가 더 넓고, 더 크게 와 닿았다.

아시넬리탑의 아찔한 경사면을 따라 나무 계단을 올랐다. 그날은 유독 더웠고, 탑 내부는 사람들의 열기로 후덥지근했다. 498개의 계단을 쉴 틈 없이 밟고서야 전망대에 다다랐다. 들숨과 날숨 사이로 붉게 채색된 볼로냐가 또렷하게 펼쳐졌다.

볼로냐의 붉은 지붕은 거리를 포근하게 감쌌다. 아치형의 포르티코(주랑 현관)가 도심을 둥글게 에워싸고 있었다. 마치 건물로 빼곡한 붉은 숲 같기도 했다. 포르티코는 지붕을 받치고 있는 높은 기둥들 사이로 길을 낸 볼로냐만의 독특한 건축 양식이다.

38km의 기다란 산책로가 꼬리에 꼬리를 물고 이어졌다. 따가운 여

름 햇살을 피해 구시가지를 여유롭게 거닐 수 있었다. 볼로냐에선 비 오는 날 우산이 필요 없다는 말이 괜히 나온 게 아니었다.

세상에서 가장 긴 주랑이 형성된 데는 세계 최초의 대학교가 한몫했다. 1088년 설립된 볼로냐대학교가 바로 그곳. 슬로건으로 '모든 학문이 퍼져나간 곳'을 쓸 정도로 교육에 대한 자부심이 엄청났다. 그도 그럴 것이 볼로냐대학교는 학생 길드에 의해 설립된 유서 깊은 대학교다. 공동의 목적을 지닌 학생 조합을 '우니베르시타스(Universitas)'라고 불렀고, 지금의 대학교인 '유니버시티(University)'가 유래되었다.

볼로냐대학교의 명성은 나날이 높아졌다. 유럽 각지에서 몰려든 학생들로 도시는 인산인해였다. 하지만 성곽에 둘러싸인 땅은 한정적이었고, 공간은 넉넉하지 못했다. 제대로 된 기숙사도 없던 시절 유학생들을 위한 잠자리는 턱없이 부족했다.

결국, 시민들은 건물을 앞으로 증축하기 시작했다. 인도 위에 기둥을 세워 주랑을 만들고 그 위에 2층을 올렸다. 부족한 주거 공간을 늘리기 위한 나름의 자구책이었던 것. 그렇게 들어선 공간들이 점차 확장되어 지금의 포르티코를 형성했다.

주랑은 건물과 건물을 잇고, 사람과 사람을 연결했다. 도시에 내려앉은 고유한 성질은 독자적인 문화가 되어 지역 커뮤니티로 이어졌다. 시민들의 생활 중심에 들어선 협동조합이 바로 그 주인공. 볼로냐에만 400개가 넘는 협동조합이 있고, 시민의 약 70%가 조합원으로 활동한다. 오랜 시간 지역 공동체가 연대해 촘촘한 사회적 경제를 형성했다.

건물과 건물을 잇고 사람과 사람을 연결하는 주랑

볼로냐는 소박했다. 변변한 기업도, 거대한 공장도 눈에 띄지 않았다. 붉은 거리를 빼곡히 채운 건 크고 작은 상점들이었다. 가죽공방에서 구두를 손질하고, 젤라테리아에서 달콤한 젤라토를 만들며, 서점에서 책과 파스타를 판매했다.

이 도시는 무의미한 경쟁 대신 협동과 연대를 선택했다. 마트, 농산물, 건축, 택시, 노동자 등 다양한 영역의 협동조합이 도시 내에서 활발하게 활동하고 있다. 협동조합이 지역민의 일상 속으로 들어와 연대의 가지를 촘촘히 뻗어 나간 것이다. 도시에 흐르는 끈덕진 에너지가 고스란히 전해졌다.

시민들은 협동조합과 공생했다. 협동조합에서 생산한 제품을 마트에서 구매하고, 협동조합에서 운영하는 어린이집에 아이들을 보내고, 협동조합에서 지은 주택에서 산다.

볼로냐의 지역민은 조합원이자 소비자였다. 협동조합과 시민 사이의 연대는 지역 경제에 활력을 불어넣었다. 볼로냐 특산품인 프로슈토를 전 세계에 수출하면 지역민에게 수익이 돌아왔다. 조합원이 협동조합에 소비한 돈 역시 고스란히 볼로냐에 남았다. 자본이 밖으로 빠져나가지 않고 안에서 맴도는 지역 경제 선순환이 이뤄진 것이다.

볼로냐는 현재에 멈추지 않았다. 도시의 과거를 보존하며 미래로 나아갔다. 낡은 건물을 부수고 새로 짓는 대신 오래된 건물에서 가치를 찾아내는 '볼로냐 2000' 프로젝트를 추진했다.

옛 주식거래소는 디지털 도서관으로 변신하고, 낡은 제빵공장은 현대미술관으로 탈바꿈하고, 중세 저택은 문화 시설로 거듭났다. 도시의 정체성을 놓지 않고 공간의 쓰임을 새롭게 창조했다.

무엇보다, 연대와 협동을 통해 오래도록 살고 싶은 커뮤니티를 일궈 냈다. 전 세계 협동조합의 수도가 된 볼로냐의 오늘은 건강했고 안정적이었다. 유구한 건축물 사이에서 허리를 꼿꼿이 세운 탑들처럼.

빈

가장 살기 좋은 도시가
영광을 보관하는 법

Wien

오스트리아 빈의 쇤브룬 궁전 전경

"빈은 과거를 보관하면서 새로운 것을 받아들였다"

오스트레일리아의 멜버른을 제치고 세상에서 가장 살기 좋은 도시로 선정된 유럽의 한 도시가 있다. '동쪽의 제국'으로 불리는 오스트리아의 수도, '빈'의 이야기다.

중세 합스부르크 왕가의 찬란한 영광과 화려한 문화유산을 간직한 도시, 빈. 남부러울 것 없는 영광의 도시는 우아했던 과거 속에 마냥 머물러 있지 않았다.

예술과 환경이 아우러진 친환경 도시로 변신을 거듭했다. 빈이 살기 좋은 도시라는 명성을 얻은 이면에는 높은 녹지 비율이 있었다. 도시 면적은 서울의 3분의 2 정도지만, 도시의 50%가 숲과 공원, 정원으로 이뤄졌다. 그래서 어딜 가든 푸른 녹음 우거진 공원을 만날 수 있다.

무엇보다 설레는 건, 초록빛 넘실대는 공간에 잠든 예사롭지 않은 이들과의 만남이 아닐까. 드넓은 녹지에는 고고한 왕실, 묵직한 클래식, 자연 친화적 건축물이 아름답게 공존했다.

스치듯 머무는 기억 속에서 유독 사랑스럽게 남아 있는 공간이 있다. 합스부르크 왕가의 여름 별궁인 쉰브룬 궁전이다. 600여 년 동안 유럽의 절반을 지배해온 합스부르크 왕가의 자부심을 반영하듯 궁전은 거대하고 또 우아했다.

프랑스 베르사유 궁전에 버금가게 화려한 쉰브룬 궁전에는 한 여인의 흔적이 짙게 배어 있다. 합스부르크 왕가 유일의 여제이자 오스트리아 역사상 가장 위대한 국모로 추앙받는 마리아 테레지아다. 쉰브룬 궁전에는 제국의 군주로서, 왕가의 어머니로서 치열하게 살아야 했던 그녀의 삶이 고스란히 녹아 있었다.

고단한 길을 외로이 걸었던 그녀의 안식처는 여름 별궁과 음악이었다. 궁전에는 아름다운 음악 소리가 끊이지 않았다. 마리아 테레지아는 음악에 후원을 아끼지 않았고, 쉰브룬 궁전으로 유수의 음악가들을 초청해 연주회를 즐겼다.

그곳에 6살의 볼프강 아마데우스 모차르트가 있었다. 그는 여제를 비롯한 황실 사람들 앞에서 피아노를 연주했고, 신기에 가까운 천재의 연주에 모두가 감탄했다. 황실에서의 데뷔를 성공적으로 마친 모차르트의 어린 시절이 살포시 그려졌다.

마리아 테레지아를 닮은 쉰브룬 궁전은 단아했다. 무엇보다, 노란색 궁전은 초록빛 공원과 조화롭게 어우러졌다. 바로크풍의 우아한 공원은 합스부르크 왕가의 품격을 고스란히 보여줬다. 50만 평에 이르는 대지에는 나무와 꽃, 조각과 분수, 온실과 수영장이 쉴 틈 없이 펼쳐졌다.

이 모든 걸 품은 정원은 비현실적으로 단정했다. 마치 정원을 작품처럼 건축한 느낌이랄까. 나무를 조각같이 다듬었고, 꽃은 물감이 되어 정원에 색을 입혔다. 합스부르크 왕가의 자존심이라 불릴 만했다.

우아한 유적, 감미로운 음악, 자연스러운 건축물

음악의 도시답게 골목골목마다 달콤한 왈츠와 아름다운 선율이 흘렀다. 음악이 건네는 이야기는 언제나 감미롭다. 클래식 음악의 메카인 무지크페라인과 콘체르트하우스, 국립 오페라극장이 발 디딜 틈 없이 문전성시를 이루는 이유를 알 것 같다. 음악이 주는 울림은 깊었고, 잔잔한 파동을 그렸다. 아름다운 선율이 마음속에 영글어갔다.

한 시대를 향유한 천재들이 잠들어 있는 중앙묘지 역시 그랬다. 죽은 자들의 공간이라 하기에는 지나치게 아늑했고 또 평온했다. 숲속을 거닐며 잠시 차분한 휴식을 즐겼다.

고요함이 사그라들 즈음 음악가 묘역을 찾아 나섰다. 오스트리아가 낳은 위대한 음악가들이 잠들어 있었다. 하늘이 내린 악성 루트비히 판 베토벤과 그의 옆에 묻히길 소원했던 가곡의 왕 프란츠 페터 슈베르트의 묘가 나란히 놓였고, 그 옆으로 왈츠의 제왕 요한 슈트라우스 2세와 낭만주의 음악의 문을 연 요하네스 브람스의 묘가 자리했다.

이토록 위대한 음악가들을 마치 병풍처럼 세워 놓고 묘역의 중심을 당당히 차지한 이가 있다. 바로 볼프강 아마데우스 모차르트. 존재하지만, 존재하지 않는 가묘다. 서른다섯 젊은 나이에 세상을 떠난 모차르트는 공동묘지에 매장되었고, 안타깝게도 그의 유해를 찾지 못했다. 그렇게 모차르트 없는 모차르트 기념비가 세워졌다. 쓸쓸하고 외로웠을 그의 마지막을 위로하듯, 기념비 앞은 꽃으로 가득했다.

중앙묘지에 잠든 음악가들은 저마다의 이야기를 들려줬다. 뛰어난 실력만큼이나 고단했던 삶이 함께했다. 역사와 권위를 자랑하는 연주장에서 들려온 천재들의 음악보다 중앙묘지에서 감상하는 이들의 이야기가 더 감미롭게 다가왔다.

중세 고전미가 흐르는 도시에 유쾌한 쓰임새를 자랑하는 건물이 있다. 자연 친화적 쓰레기 소각장, 슈피텔라우다. 소각장은 외관에서부터 시선을 사로잡는다. 독특하다 못해 소란스럽다.

건축가는 소각장에 자연의 색을 칠하고, 테라스에 나무를 심고, 굴뚝에 금빛 돔을 얹었다. 흉물스러운 소각장이 예술적으로 피어난 것이다. 쓰레기 소각장을 유쾌하게 디자인한 건축가는 바로 프리덴스라이히 훈데르트바서.

훈데르트바서는 직선은 인간성의 상실이라며 거대한 나선형을 그리고, 자연과 조화를 이룬 건축 철학을 추구했다. 낡고 병든 집을 고치는 데 주저함이 없었다. 그렇게 재탄생한 건축물이 서민용 임대아파트 훈데르트바서 하우스다.

칙칙한 아파트가 누구나 한 번쯤 꿈꿔본 동화 속 궁전으로 탈바꿈했다. 초록 나무로 뒤덮인 건물이 마치 자연이 살아 숨 쉬는 듯 싱그럽게 다가왔다. 나무 세입자를 위한 생태 공간을 함께 짓는 훈데르트바서의 철학이 다정하게 스며 있었다. 그래서 원색의 건물은 겉돌지 않았고, 오히려 자연스럽고 편안했다.

빈은 과거를 온전히 보관하면서 새로운 걸 유연하게 받아들였다. 중

세의 오래된 유적들은 우아했고, 도시에 흐르는 음악은 감미로웠으며,
20세기에 등장한 건축물은 자연스러웠다.

이 모든 걸 아우르는 드넓은 녹지는 한없이 맑았다. 숲과 공원은 시
민들의 차분한 휴식처가 되어줬고, 도시와 오랜 시간 공존했다.

여전히 고전적이면서도, 언제나 활기차게.

자연 친화적 쓰레기 소각장,
슈피텔라우

가장 맛있는 피자를 향한
사랑과 열정

Napoli

이탈리아 나폴리 전경

"나폴리는 어지러웠지만, 투박한 멋을 알려줬다"

때론 한 편의 소설이 뜻하지 않은 도시로 여행자를 이끌기도 한다. 책 속의 문장들은 생경한 도시를 친근하고 다정하게 감싼다. 어쩌면 여행자를 움직이게 하는 건 마음을 간지럽히는 문장들과 낯선 도시의 분위기가 아닐까.

소설이 그려낸 도시의 단편들은 어둡지만, 그만큼 아련하기도 하다. 떠나온 자를 머무르게 만든 작품은 엘레나 페란테의 『나의 눈부신 친구』. 릴라와 레누의 우정과 그녀들의 삶을 추억하는 그곳은 이탈리아의 남부 도시 '나폴리'다.

나폴리 여행은 출발 전부터 이미 시작되었다. 마음의 절반은 벌써 나폴리에 가 있었다. 한껏 기대에 부푼 채 마주한 나폴리는 복잡미묘했다. 상상했던 소설 속 풍경 그대로여서 반가웠고, 그래서 퍽 실망스럽기도 했다.

엘레나 페란테가 그려낸 나폴리가 그리울 정도로 어둠이 내려앉은 거리는 괜스레 으스스했다. 어지러운 그래피티가 그려진 골목은 어수선했고, 정리되지 않은 거리는 거칠었다. 도시를 향한 모순적인 감정이 싹을 틔웠다. 여행의 설렘보다 치안 걱정이 앞섰다. 심란한 마음을 다독이며 일정을 하루 미뤘다. 밤이 아닌 낮의 여행으로.

전날의 걱정이 무색하게 한낮에 마주한 거리는 활기가 넘쳤다. 어둠이 걷힌 자리엔 나폴리만의 유니크한 색이 잔뜩 묻어 있었다. 빛바랜 건물은 운치 있었고, 창문에 널려 있는 빨래는 정겨웠다.

미로 같은 골목 사이사이를 헤치며 부지런히 움직였다. 소설보다 더 유명한 나폴리의 상징을 맛봐야만 했으니까. 아침 일찍 서두른 게 무색하게도 화덕 앞에는 이미 수많은 인파가 줄지어 서 있었다. 이유 있는 기다림이었다. 그곳은 나폴리에서 가장 맛있는 피자집으로 명성이 자자한 '다 미켈레'였으니까.

숨차게 달려간 피체리아(피자를 파는 요리점)에서 벅차오르는 감동을 맛봤다. 그때의 피자 맛은 잊히지 않는다. 한입 베어 물자마자 퍼지는 맛의 향연에 탄성이 절로 나왔다. 쫄깃쫄깃한 식감의 반죽과 달콤한 토마토, 고소한 모차렐라 치즈가 환상적으로 어우러졌다.

화덕에 구운 피자는 담백했고, 재료 본연의 맛이 고스란히 느껴졌다. 1870년에 문을 연 이래로 우직하게 전통을 이어오고 있는 유서 깊은 피체리아다웠다. 단순한 재료에서 도시의 향취가 묻어 나왔다.

피자의 도시답게 거리 곳곳에는 오래된 피체리아로 가득했다. 이탈리아에서 탄생한 무수히 많은 요리 중에서 피자만큼 세계적인 음식이 있을까 싶다. 피자의 유래가 "이탈리아다, 아니다"에 대한 의견은 분분하다. 넓적하고 납작한 빵의 역사는 오래전부터 존재해왔으니까.

그리스인은 토핑을 올린 납작한 빵을 먹었고, 로마인은 밀가루 반죽을 화덕에 구웠다. 이를 증명하듯, 폼페이 유적지에서 빵을 굽던 화덕과 맷돌, 빵집이 발견되기도 했다. 이렇듯 빵의 역사는 지중해 곳곳에 기록으로 존재해왔다.

나폴리의 지역적 유산, 이탈리아의 문화적 상징

확실한 건, 오늘날 우리가 먹는 토마토소스가 올라간 납작하고 둥근 빵은 분명 나폴리에서 출발했다는 거다. 이 도시에서 탄생한 피자만 봐도 알 수 있다.

나폴리의 상징과도 같은 이 피자는 뛰어난 맛만큼이나 탄생 스토리도 흥미롭다. 1889년, 통일 이탈리아 왕국의 2대 국왕 움베르토 1세가 아내 마르게리타 왕비와 함께 나폴리에 방문한다. 나폴리 최고의 피자이올로(피자 장인)였던 라파엘레를 초청해 이 도시에서만 맛볼 수 있는 피자를 주문한다.

라파엘레는 고민 끝에 이탈리아를 상징하는 특별한 피자를 만들어 올린다. 빨간색의 토마토와 흰색의 모차렐라, 초록색의 바질을 얹어 이탈리아 국기를 표현한 피자를 바쳤고, 마르게리타 왕비는 크게 기뻐한다. 그 후 왕비의 이름을 따 부르게 된 피자가 바로 나폴리를 대표하는 마르게리타 피자다.

마르게리타 왕비 덕분에 나폴리 피자는 스트리트의 허름함을 벗어던졌다. 당시만 해도, 피자는 하층민을 위한 값싸고 편리한 노점 음식

나폴리 피자

으로 여겼다. 거리 모퉁이에 서서 네 겹으로 접어 먹던 음식에 왕비의 이름이 붙었고, 나폴리 피자는 파스타와 함께 이탈리아 대표 음식으로 인정받는다.

피자는 나폴리의 지역적 유산이며 이탈리아의 문화적 상징이다. 그러다 보니, 피자이올로의 기술은 특히 소중하다. 피자이올로들은 나폴리 피자만의 고유한 기준을 만들고, 나폴리 정통 방식의 피자 제조법을 표준화하는 데 힘썼다.

이러한 노력 덕분에 '진정한 나폴리 피자 협회(AVPN)'와 '나폴리 피자 장인협회(APN)'는 유럽연합으로부터 나폴리 피자에 대한 전통 특산품 보증(STG)을 받아내는 데 성공한다.

그리고 2017년, 피자이올로들은 기쁨의 환호성을 질렀다. 유네스코 인류무형문화유산에 '피자이올로, 나폴리 피자 요리 기술'이 등재되면서 나폴리 피자 제조법을 공식적으로 인정받은 것이다.

엘레나 페란테의 소설은 낯설고 생경한 도시로 이끌었다. 그렇게 만난 나폴리는 어지러웠지만, 투박한 멋을 알려줬다. 활자로 읽어낸 도시와 잠시 작별을 고했다. 소설 속 애틋함은 내려놓고, 현실 속 나폴리 사람들의 유쾌함에 빠져들었다.

맛있는 음식을 만들고 즐겁게 먹는 사람들, 그들이 보여준 피자에 대한 사랑과 열정은 뜨거웠다. 반죽을 빚는 '손에서' 시작해 피자를 입에 넣는 '손으로' 이어진 따뜻한 체온처럼.

무엇보다, 피자를 향한 감수성이 깊었다. 미로 같은 골목으로, 오래된 노점 사이로, 지역민의 삶 속으로 깊게 스며들었다.

녹슨 폐허에서 지어 올린
예술과 문화

Bilbao

스페인 빌바오 전경

"빌바오에는 작지만 강한 생명력이 꿈틀거리고 있었다"

성장과 쇠락, 그리고 재생의 히스토리를 써 내려간 도시가 있다. 한때 공업도시로 명성을 누렸던 스페인 북부 도시, '빌바오'의 이야기다.

바다와 강이 만나는 경계의 땅, 빌바오는 항구도시로 빛나는 미래를 열었다. 북대서양으로 흐르는 네르비온강을 통해 주변 국가들과 물자를 교역하며 스페인 북부의 산업 중심지로 거듭난다. 바스크 지방의 경제를 움직인 건 풍부한 철광석이었다.

제철 산업의 발전은 자연스레 수출의 부흥을 알렸다. 산업혁명을 거치면서 철강과 제철, 조선업은 눈부신 발전을 이룩한다. 빌바오는 스페인에서 가장 부유한 도시로 성장한다.

그러나 경제와 산업 중심지로서의 영광은 딱 20세기 초까지였다. 주력 산업이었던 철강과 조선업이 쇠퇴하면서, 많은 제철소와 조선소가 문을 닫는다.

쇠락의 속도는 놀랍도록 가팔랐다. 폐허가 된 공장들, 오염된 강과 흉물이 된 항구 때문에 도시는 형편없이 무너져갔다.

엎친 데 덮친 격으로 1983년 대홍수가 도시를 완전히 삼켜버렸다. 이 땅에 그 어떤 희망도 미래도 보이지 않았다. 실업률이 30%에 이를 정도로 지역 경제가 악화되며 빌바오는 급격히 쇠락해갔다.

구겐하임 빌바오 미술관 전경

무엇이든 해야만 했다. 속수무책으로 무너지는 도시를 그저 두고 볼
수만은 없었다. 빌바오에 활력을 불어넣을 상징적인 뭔가가 필요했다.

그때 도시가 선택한 건 다름 아닌 건축물. 그것도 경제를 되살려줄
'거대한 공장'이 아닌 낯선 '문화 시설'이었다. 지역민의 저항은 거셌다.
빌바오시는 시민들을 설득했고, 결국 1억 유로를 투자해 놀라운 프로
젝트를 유치해낸다.

모두가 의심을 품은 건축물은 도시재생의 기막힌 심폐소생술이 되
었다. 7년의 공사 끝에 공업도시에 어울리지 않는 아방가르드한 건축
물이 들어서며 도시재생 프로젝트는 멋지게 성공한다. 전 세계가 극찬
한 '빌바오 효과'를 탄생시켰으니까.

1997년 어둠이 내려앉은 공업도시에 들어선 건축물은 바로 '구겐
하임 빌바오 미술관'이었다. 도시에 예술을 입혀 일상을 재생시키려는

빌바오시의 노력은 빛을 발했다. 구겐하임 재단과의 협상을 통해 세계적인 미술관을 유치하는 데 성공한 것이다.

미술관 설계는 건축가 프랭크 게리에게 맡겨졌고, 프랭크는 해체주의적 건축 양식을 맘껏 발휘해 기둥과 보가 없는 놀라운 건축물을 세상에 내놓았다.

구겐하임 빌바오 미술관은 보는 각도에 따라 외모를 달리한다. 어떤 각도에선 거대한 함선처럼 날렵해 보이다가, 또 다른 각도에선 물고기가 헤엄치는 듯 우아한 곡선이 잡힌다.

무엇보다, 3만 장의 티타늄 패널을 이어 붙인 외관은 어디서든 반짝였다. 각도와 시간, 빛의 유무에 따라 변화하는 미술관은 생동감 있게 다가왔다. 마치 살아 움직이는 건물을 마주하는 기분이랄까.

구겐하임 빌바오 미술관이 도시에 가져다주는 이익은 실로 어마어마했다. 개관 이후 지금까지 약 2조 원 이상의 경제 효과를 창출해냈고, 인구 40만 명이 되지 않는 도시에 매년 100만 명이 넘는 관광객이 찾아오고 있다.

구겐하임 빌바오 미술관을 발판 삼아 빌바오는 세계적인 문화 도시로 거듭난다. 도시는 한 번에 변하지 않는다.

빌바오 효과는 미술관 하나로 완성된 게 아니다. 수많은 프로젝트가 촘촘히 연대해 느리지만 야무지게 도시를 재생시켜 나갔다.

────────── 성장과 쇠락, 재생을 담은 도시

빌바오는 시민들이 살기 좋은 도시를 만드는 데 주력했다. 시들어가는 도시에 생기를 불어넣었다. 먼저, 폐수로 오염된 네르비온강을 되살렸다. 그리고 강을 따라 산책로를 조성해 시민들을 위한 휴식 공간을 만들었다.

여기서 끝나지 않았다. 하프 모양의 아치 보행로인 주비주리 다리와 세계적인 건축가가 디자인한 이소자키 아테아 쌍둥이 건물 등 현대적 건축물을 세워 도시를 수준 높게 꾸며 나갔다.

빌바오를 걷다 보면 유난스레 구석구석을 살펴보게 된다. 어디선가 뭔가가 불쑥 나타나 세련미와 유명세를 자랑할 것만 같다.

느지막한 오후의 빌바오는 사람들로 가득했다. 강가에서 시간을 보내는 어른들, 자전거를 타는 청년들, 산책을 나온 가족들이 곳곳에 보였다. 사람의 손길이 닿은 땅은 다시금 활기를 되찾았다. 잿빛 강물은 맑아졌고, 우중충한 도시는 환해졌다.

빌바오 도시 재생은 지역민과 그들의 안락한 삶에 초점을 맞춘 프로젝트였다. 성장과 쇠락, 재생을 담은 도시의 이야기는 허울만 좋은 빈 껍데기가 아니었다. 그 속에 담긴 알맹이는 묵직했고 단단했다.

폐허가 된 땅 위에 새로운 내일을 촘촘히 지어 올린 빌바오. 도시에는 작지만 강한 생명력이 꿈틀거리고 있었다.

몬테풀치아노

느리지만 우직하게
가치를 빚는 중세 마을

Montepulciano

이탈리아 몬테풀치아노 전경

"단단한 가치를 빚는 마을은 근사하고 정겨웠다"

언제나 한결같은 마을이 있다.

언덕 위의 풍경도, 나이 든 상점도, 어슴푸레한 가로등 불빛도 그 모습 그대로다. 세월의 결을 움켜쥔 채 그 자리를 지키고 있다.

이곳의 시간은 느리지만 단단하게 흘러간다. 고집스럽게 자신만의 속도로 삶을 살아가고 있다. 그래서 쉽게 변하지 않는, 그 한결같음이 참 좋았다. 묵묵히 뚜벅뚜벅 내일을 향해 걸어가는 그곳은 바로 이탈리아 토스카나주의 '몬테풀치아노'다.

광활한 평원 사이로 허리를 꼿꼿이 세운 언덕 마을, 몬테풀치아노에 닿았을 때 시간 여행자가 되었다는 걸 직감했다. 중세를 고스란히 간직한 골목, 그 사이사이를 휘젓고 다녔다. 발길 닿는 어디든 오래된 마을의 소박한 정취가 묻어났다.

그러다 골목길 사이로 펼쳐지는 드넓은 평원과 초록빛 포도밭, 목가적인 풍경이 마음을 달뜨게 했다. 사방이 초록으로 넘실댔다.

정갈하게 늘어선 포도밭의 끝에는 와인 농가가 있었다. 몬테풀치아노가 속한 토스카나주는 이탈리아 2대 와인산지로 손꼽히는 지역이다. 해발 300m에 자리 잡은 평원, 모래가 많은 토양, 그리고 연교차가 큰 대륙성 기후 덕분에 포도가 서서히 익어갈 수 있는 최적의 환경을 두루 갖췄다.

무엇보다, 이 지역에서 자라는 포도 품종이 와인의 맛을 결정하는데 바로 토스카나의 영혼이라 불리는 산지오베제다. 라틴어 '제우스의 피'에서 유래했다고 전해진다. 산지오베제로 만드는 전통 레드와인이 바로 '비노 노빌레 디 몬테풀치아노'다. 해석하면, 몬테풀치아노의 귀족적 와인. 이름마저도 우아하다.

와인에서 느껴지는 장인정신과 자부심

포도 재배에 좋은 조건을 골고루 갖춘 귀한 땅이다 보니, 마을에는 전통 방식으로 와인을 생산하는 작은 농가들이 많다.

할아버지에게서 아들로, 그리고 그 자식에게로 대를 이어 농장을 운영해 오고 있다. 가문 대대로 내려온 노하우를 가지고 오랜 시간 공들여 한 병의 와인을 만들어낸다. 공장에서 찍어내는 와인과는 향부터 다르다.

심지어 토스카나 농가들은 같은 포도 품종으로 담가도 집집이 서로 다른 와인 맛을 낸다. 농가의 오랜 손맛을 담은 와인이 점차 대중화되면서, 토스카나 와인에 대한 관심도 높아졌다. 서로 다른 맛과 향을 띠는 로컬 와인을 찾기 시작한 것이다.

시대의 흐름에 따라 와인 농가들도 변화를 거듭한다. 와인을 맛보고,

농가를 체험할 수 있는 투어를 시작한 것.

그렇게 찾아간 곳이 몬테풀치아노의 작은 와인 농가였다. 그곳에서 아버지와 함께 농가를 운영하는 마리아를 만났다. 포도 품종 설명을 시작으로 와인의 역사와 주조 과정을 소개하고, 마지막으로 지하에 꼭꼭 숨겨둔 저장고를 둘러보며 투어는 끝났다.

와인은 좋은 포도와 적정한 발효를 거쳐 완성된다고 믿어왔다. 마리아를 만나기 전까진. 마리아에게 와인은 정교한 기술이 아닌 오래된 시간이었다. 매일 쌓이는 오늘이 축적되어 좋은 와인을 빚었다.

와인은 그 와인을 담는 사람을 닮는다고 한다. 마리아가 건네준 와인에서 나무와 흙 향이 옅게 스쳤다. 텁텁하지만, 깊고 진했다.

와인 저장고

가파른 언덕을 올라 100년의 세월을 훌쩍 넘긴 카페 폴리치아노로 향했다. 야외 테라스에 앉아, 해 질 무렵의 토스카나를 넋 놓고 바라봤다. 눈이 시원할 만큼 탁 트인 평야와 그곳에 자리한 농가들을 시야에 담자 마음이 더없이 고요해졌다.

몬테풀치아노에서 우직하게 와인을 빚는

농부들을 만났다. 가문 대대로 내려오는 노하우를 가지고 지역 특산품을 생산하는 그들의 모습에서 장인정신과 자부심이 느껴졌다.

투박하고 거친 손, 흙으로 더럽혀진 장화, 그리고 고집스러운 눈빛. 그 피사체 속에 담긴 삶은 멋있었다. 농부들이 오랜 세월 쌓아온 시간과 정성이 고스란히 와인에 담겨 나왔다.

몬테풀치아노 농가들은 느리지만 우직하게 전통을 이어 나갔다. 오래도록 변치 않는 가치를 예술로 빚어냈다. 그 한결같음은 잊으면 안되지만 잊고 사는 것들, 잃으면 안 되지만 잃어가는 것들을 다시금 생각해 보게 했다.

누군가는 빠르게 미래를 향해 나아가고, 또 다른 누군가는 묵묵히 전통을 지켜 나가고 있다는 걸 토스카나의 시골 마을에서 배웠다. 마모되지 않는 단단한 가치를 빚는 마을은 근사했고 또 정겨웠다.

4부 휘게 라이프스타일을 읽는 도시

대가들이 송가를 바친
낭만과 자유의 대학 도시

Heidelberg

독일 하이델베르크 전경

"고전과 낭만, 개방과 협업으로 이룩한 하이델베르크"

50명이 넘는 노벨상 수상자가 거쳐 간 독일의 한 대학교가 있다.

600년 넘은 대학교의 역사는 유구했고 수많은 문인과 학자들이 이 도시를 다녀갔다. 대학교의 명성은 곧 도시의 위상이 되었다.

인구 15만 명에 불과한 소도시에 학생과 교수, 직원의 수만 3만 명이 넘는다. 즉 도시 인구의 약 4분의 1이 대학교와 관련된 사람들이다.

무엇보다, 세계 대학평가에서 언제나 상위권에 올랐으며 독일 내에서는 늘 1위로 평가받는다. 오랜 전통만큼이나 빛나는 업적을 자랑하는 그곳은 '하이델베르크'의 하이델베르크대학교다.

대학 도시의 시작은 14세기로 거슬러 올라간다. 당시, 유럽은 가톨릭의 분열로 세력이 쪼개지는 대혼란의 시기에 직면했다. 교황 그레고리오 11세가 사망한 후 2명의 정통 교황이 등장한 것이다.

프랑스가 선출한 교황 클레멘스 7세는 아비뇽에서, 이탈리아 추기경이 선출한 교황 우르바누스 6세는 로마에서 영향력을 행사했다.

독일은 아비뇽이 아닌 로마의 교황에 지지를 보냈다. 그로 인해, 프랑스에서 공부하던 독일 학생들과 교사들은 파리를 떠나 고국으로 돌아온다.

14세기 중반까지 독일에는 학문을 공부하는 대학교가 존재하지 않았다. 이를 계기로, 선제후 루프레히트 1세는 하이델베르크에 대학교를 설립하기로 마음먹는다.

로마의 교황 우르바누스 6세에게 최종 허가를 받아내며 1386년 대학교가 공식적으로 출범한다. 교회 대분열로 인해, 하이델베르크는 독일 최초의 대학교가 들어서는 기회를 얻은 것이다.

그렇게 하이델베르크대학교는 유럽의 수많은 장서가 모이며 학문의 중심지로 도약한다. 하지만, 대학교의 명성은 그리 오래가지 않았다.

여타 독일 도시가 그랬듯, 하이델베르크 역시 유럽을 전쟁터로 만든 30년 전쟁을 피해 가지 못했다. 연이은 전쟁과 침공이 도시를 무자비하게 휩쓸었다.

존폐 위기에 처한 대학교를 소생시킨 건 바덴 대공국의 카를 프리드리히 대공이었다. 대학교 조직을 재건하고, 정부가 대학 재정을 지원하도록 했다. 침체기에 빠진 대학교는 카를 대공의 적극적인 협력으로 제2의 전성기를 맞이한다.

대학교는 혁혁한 공을 세운 이들을 잊지 않았다. 하이델베르크대학교의 공식 명칭은 '루프레히트 카를 하이델베르크대학교'. 그렇게 대학교 창립자인 '루프레히트 1세'와 대학교를 부흥시킨 '카를 대공'은 하이델베르크대학교의 고유명사가 되었다.

대학교는 도시의 명성을 드높였지만, 주민들은 장난꾸러기 학생들 때문에 골머리를 앓았다. 어떤 학생은 술에 취해 큰소리로 노래를 부르고, 또 어떤 학생은 가게를 부수는가 하면, 학생들끼리 주먹다짐해 소란을 피우기도 했다.

더는 치기 어린 학생들의 행패를 눈감아 줄 수 없었다. 결국, 대학교는 말썽부리는 학생들을 가두는 감옥을 만들기로 한다. 중세 시대 대학교는 독자적인 사법권을 유지하는 치외법권 지역이었다. 학생이 저지른 범죄는 경찰이 아닌 소속 대학교가 담당했다.

하이델베르크대학교 건물에 학생 감옥이 설치된다. 감옥에 갇힌 학생들은 짧게는 2주, 길게는 4주까지 반성의 시간을 가졌다. 물론, 그 기간 동안 수업도 착실히 들어야 했다. 벌은 벌이고, 공부는 공부였으니까.

강의가 끝나면 학생들은 다시 감옥으로 돌아와 혼자만의 시간을 버텨야 했다. 하루하루가 무료하고 지루한 나날의 연속이었을 것이다. 그 숨 막히는 시간을 견디기 위해 벽과 천장에 그림을 그리고 사상과 이념을 글로 남겼다.

학생 감옥은 1914년이 되어서야 없어졌지만, 빛바랜 낙서는 고스란히 남아 그 시절 학생들의 이야기를 들려주고 있다.

카를 테오도르 다리를 건너 철학자의 길로 향했다. 요한 볼프강 폰

카를 테오도르 다리

괴테, 게오르크 빌헬름 프리드리히 헤겔, 마르틴 하이데거 등 당대의
유명한 철학자들이 이 길을 거닐었다. 그들은 종종 사색에 잠기고, 때
론 예술적 영감을 얻었다.

 산 중턱에 자리한 산책로는 더할 나위 없이 낭만적이었다. 네카강 너
머로 웅장한 하이델베르크 고성과 고즈넉한 시가지가 한 폭의 수채화
처럼 펼쳐졌다. 충만한 행복감이 밀려왔다. 수많은 문학가와 시인이 하
이델베르크를 위한 아름다운 송가를 바칠 만했다.

 오랜 역사를 지닌 도시임에도 불구하고 하이델베르크는 젊고 자유
분방했다. 그 중심에는 600년 역사의 하이델베르크대학교가 있었다.
'언제나 열려 있는'이라는 슬로건처럼, 대학교는 도시의 개방적인 문화

를 주도했다.

전통적인 학문을 바탕으로 학제 간 융합 연구를 발전시켜 국제적 경쟁력을 키웠다. 과거와 현재의 공존을 이끌어 내며 연구의 중심지로 도약한 것이다. 그 결과 전 세계 수많은 인재가 독일의 작은 도시, 하이델베르크로 모여들었다.

대학교는 도시와 함께 역사를 쌓아 올렸고, 도시는 대학교와 더불어 명성을 굳건히 지켜냈다. 고전과 낭만, 개방과 협업으로 이룩한 하이델베르크는 빈틈없이 아름다웠다.

구석기의 동굴 마을이
유럽 문화 수도가 되기까지

이탈리아 마테라 전경

"마테라는 불완전했지만, 더없이 완전하게 시간을 견뎌냈다"

어떤 여행은 굳이 애쓰지 않아도 기억 어딘가에 아련히 남아 있다.

시간이 멈춘 도시 '마테라'에 대한 노스텔지어처럼. 해발 433m의 협곡을 따라 석회암 동굴이 빈틈없이 들어선 마테라는 판타지 같았다.

현실이 아닌 환상에 가까웠다. 마치 흑백 영화의 한 장면을 마주하는 듯했다. 동굴 거주지는 무채색이었고 또 무표정했다. 그 정적인 미에 한동안 넋을 놓고 감탄을 쏟아냈다.

마테라는 2019년에 '유럽 문화 수도'로 선정되며 이탈리아에서 가장 주목받는 도시가 되었지만, 동굴 마을의 삶은 그리 순탄치 않았다.

마테라의 시작은 지금으로부터 약 7천 년 전인 선사 시대로 전해진다. 협곡을 따라 석회암 동굴이 자연적으로 형성되었고, 초기 거주민들은 산 정상에 동굴을 파서 삶터를 일궈 나갔다. 절벽을 따라 집들이 겹겹이 포개지며 그사이를 미로처럼 가르는 길들이 복잡하게 얽히고설킨다.

오랜 시간에 걸쳐 형성된 동굴 주거지가 바로 사씨였다. 메마른 협곡을 따라 지어진 바위 집들은 무척이나 가난했다. 팍팍한 삶이었다. 척박한 환경에서도 살아갈 삶의 의지를 굳건히 다잡는다. 가파른 계곡을 내려가 점토질 고원에 농사를 지으며 자급자족 생활을 이어 나갔다.

무엇보다, 바위산은 갈 곳 없는 이방인에게 보금자리를 내줬다. 그리스, 로마, 비잔틴, 이슬람 등 수많은 민족이 다녀갔다. 동굴에 터를 일군 이들은 자연과 상생하는 삶을 오래도록 살아온다.

사씨에는 전기와 하수도 같은 그 어떤 시설도 존재하지 않았다. 무려 1960년대까지. 마을의 물 공급은 전통 방식으로 이뤄졌다. 높은 언덕에서 물을 받아 아래로 흘려보내 마을 사람들에게 분배했다.

하지만 제대로 된 하수시설을 갖추지 않은 마을은 지저분했고 더러웠다. 심지어 동굴에서 가축과 함께 생활하기도 했다. 이탈리아 사람들은 이 고단한 마을을 제국의 수치로 여겼다.

마테라는 사람들에게 외면받으며 관심에서 점차 멀어져갔다. 그러던 어느 날, 마테라의 절망을 전 세계에 알린 작품이 출간된다. 이탈리아 작가 카를로 레비의 『그리스도는 에볼리에 머물렀다』를 통해 그동안 방치되어 온 마테라의 현실이 드러난다.

───────── **억세고 강인하게 살아남은 가난한 동굴 마을**

현대 문명을 누리던 20세기, 마테라는 홀로 야만의 그늘에서 벗어나지 못했다. 전염병과 가난에 허덕이던 마테라는 사람이 살 수 없는 주거지였다. 빈민들이 사는 마을로 전락해 오랜 세월 관리되지 않은 채 버려진 것이다.

여러 차례 논의 끝에 이
탈리아 정부는 사씨를
보호하는 조례를 승
인한다. 2천 년 이상
보존된 독특한 동굴
거주지는 그 어디에
서도 보기 드문 소중한
유산이었다.

결국, 정부는 위생상의 이유
로 거주민들을 다른 지역으로 이주시
키고 낙후된 생활환경을 개선하기 위한 재건 작
업을 진행한다.

동굴 안에서 바라본
마테라 전경 스케치

과거 그대로의 모습을 유지한 채 전기와 상하수도를 설치하는 공사
가 이뤄진 것이다. 오랜 보수작업으로 비어 있는 동굴들을 식당, 상점,
호텔로 개조하며 마테라는 묵은 때를 천천히 벗겨냈다.

오래된 가치에 대해 생각했다. 화석 같은 과거를 견고히 다진 미지
의 마을, 마테라. 석회암 동굴은 선사시대부터 고대, 중세, 근대를 거쳐
현재에 이르는 삶의 면면을 고스란히 보관했다.

자연에 순응한 그들의 삶은 위태로웠지만, 그만큼 소박했다. 욕심내
지 않고 자연이 주는 만큼만 영위했다. 어쩌면 아무도 거들떠보지 않
은 땅이었기에 마테라의 보존이 가능하지 않았을까.

1993년, 고대 도시의 가치를 인정받으며 '마테라의 동굴 주거지와 암석 교회'는 유네스코 세계문화유산으로 등재되는 기염을 토했다. 가난했던 동굴 마을은 억세고 강인하게 살아남았다.

메마른 협곡 위로 태양이 내려앉았다. 그제야 비로소 집들이 하나둘 깨어났다. 무채색 마을에 노란빛이 스며들었다. 해 질 녘의 온도, 돌바닥의 질감, 그리고 텁텁한 바람까지. 아스라이 떠오르는 마테라에 관한 기억이다. 그 숨막히는 찰나를 잊고 싶지 않아 그림으로 남겼다. 어쩌면 그날의 노스탤지어를 떠올리며 지금을 살아가고 있는지 모른다.

마테라는 불완전했지만, 그래서 더없이 완전하게 시간을 건너냈다. 인고의 세월을 살아낸 마을이 초연히 남아 있길 고집스레 바라본다.

자동차가 불편하고
자전거가 편한 도시라면

Copenhagen

덴마크 코펜하겐 전경

"코펜하겐, 이만한 매력 흔치 않다"

덴마크 '코펜하겐'의 하루는 자전거로 시작했다.

씩씩하게 페달을 밟으며 도로를 쏜살같이 내달렸다. 한여름의 코펜하겐은 싱그러웠고 또 여유로웠다. 거리에도 상점에도 사람들이 그다지 많지 않았다. 이유 있는 한적함이었다.

다들 해안가로 나와 뜨거운 여름 햇살을 누렸다. 백야의 나라에서 햇빛이 소중하다는 건 익히 알고 있었지만, 이렇게 많은 사람이 도심에서 피서를 즐기는 모습은 생경하게 다가왔다.

자전거 도로 역시 그랬다. '차도 옆은 인도'라는 보편적 공식을 깨버렸다. 차도와 인도 사이에 낯선 자전거 도로가 턱 하니 자리하고 있었으니까. 심지어 자동차 이용자보다 자전거 이용자가 훨씬 많았다.

이를 증명하듯 신호가 바뀌자 수백 대의 자전거 부대가 도로를 점령했다. 출근하는 직장인들, 등교하는 학생들이 있었다. 이 도시의 자전거는 단순 나들이용이 아닌 엄연한 교통수단이었다.

코펜하겐이 자전거의 도시로 자리매김한 이면에는 자전거 우선 정책이 있다. 이 정책은 차량 이용 감소를 목적으로 시작했다. 방법은 간단하지만, 치명적이다. 도심에 자동차를 끌고 오면 여러모로 화병 나는 장치들을 곳곳에 심어둔 것이다.

교통 체계는 철저히 자전거에 유리하도록 다듬었다. 도로에서 먼저 신호를 받고 출발하는 교통수단은 자전거다. 자전거가 달리고 그 후에 자동차가 움직인다.

그뿐만 아니라, 건물 2층 높이의 자전거 전용 고가도로를 만들어 교통 혼잡을 해결했다. 그리고 도심 내에 주차 공간을 확보해 한 장소에 수백 대에 이르는 자전거 주차를 가능하게 했다. 심지어 무료 주차장이다.

반면 자동차에는 높은 세금을 부과하고, 차도가 자전거 도로보다 좁으며, 주차 공간은 적은 데다, 주차비까지 비싸게 받는다. 자전거 친화적일 수밖에 없는 인프라를 도심 곳곳에 의도적으로 설치한 것이다.

무엇보다, 자전거는 도로 위의 '계급'을 없앴다. 차량 브랜드로 타인의 부를 평가하고 부자와 가난한 자를 차별했던 보이지 않는 계급이 사라졌다.

대신 비교하지 않는 자전거 문화가 탄생한다. 장관, 국회의원과 같은 고위 공직자들도 의전 차량이 아닌 자전거로 출퇴근하는 사회가 된 거다. 그런 분위기 덕분에, 지금은 자녀를 태울 수 있는 바퀴가 세 개 달린 카고 바이크가 도로 위를 안전하게 달리고 있다.

자동차가 불편한 사회를 만든 덴마크의 과감함은 놀라운 결과를 가져왔다. 자전거가 교통수단의 하나로 자리 잡으면서, 자전거 통학과 출퇴근 비율이 50%에 달할 정도로 일상화된 것이다.

그래서 '자동차는 불편하지만 자전거는 편하다'라는 인식이 자리 잡는다. 차량 이용 감소는 덴마크에 미세먼지 없는 깨끗한 공기를 선물했다. 자전거 바퀴가 달리는 도시야말로 저탄소 사회로 가는 지름길이라는 걸 증명한 셈이다.

———— 사는 사람들이 눈에 담기는 묘미

전 국민이 자전거를 한 대씩 소유하고 있는 덴마크에서 처음부터 자전거 인기가 높았던 건 아니다. 국가가 친환경 정책을 주도했고 국민이 동참해, 결국 모두에게 깨끗한 공기라는 복지를 선사했다.

'자동차가 아닌 사람이 중심인 도시 설계', 누구나 말로 뱉을 수 있지만 멋지게 실천하긴 힘들다. 그런데 그 어려운 걸 보란 듯이 재설계해 덴마크는 친환경 정책의 상징적인 나라가 되었다. 미래 세대가 건강하고 행복한 삶을 누릴 수 있는 환경까지 남겨준 것이다.

코펜하겐은 여기서 멈추지 않고, 한 걸음 더 나아간다. 2025년까지 이산화탄소 배출 '0(제로)' 도시를 목표로 세운 것. 세계 최초의 탄소중립 도시 선언이었다.

이토록 자신 있게 제로를 외친 데는 그만한 이유가 있다. 탄소중립 선언은 코펜하겐의 언덕으로 불리는 코펜힐에서 시작되었다. 산이 없는 덴마크에 만들어진 첫 스키장이자 폐기물 소각장이다.

시민들이 버린 폐기물을 태워 15만여 가구에 에너지를 공급하는 친환경 발전소가 도심 한복판에 세워진 것이다.

발전소 지붕에 스키 슬로프를 설치해 인공 눈 없이도 사계절 내내 스키를 탈 수 있게 했다. 스키장과 더불어 암벽 등반과 하이킹 코스를 조성했고, 식사를 즐길 수 있는 레스토랑과 카페도 들어섰다.

혐오 시설과 레저 시설을 결합해 시민들이 즐길 수 있는 유쾌한 놀이터를 창조해낸 것이다.

코펜하겐의 매력은 눈에 띄지 않는다. 여느 유럽 도시와 달리 볼거리가 넘쳐나지 않으니까. 그래서 이 도시에선 군이 관광지를 쫓아다니지 않아도 된다.

사람들을 비집고 찾아다니는 압박에서 자유로울 수 있다. 태평스럽게 도시를 관망할 수 있다. 관광지 대신, 그곳에 사는 사람들이 눈에 담긴다. 자전거를 타고 출퇴근하는 직장인이, 쓰레기 소각장에서 스키 타는 청년이, 해변으로 소풍 나온 가족이 보인다.

도로 위를 안전하게 달리는 카고 바이크

때로는 그들처럼 자전거 페달을 밟으며 깨끗한 공기를 마시는 사치도 부릴 수 있다.

뭔가를 굳이 하지 않아도 좋은 여행이 별건가 싶지만, 쉽지 않다. 그런데 그곳이 코펜하겐이라면 가능하다. 꼭꼭 숨겨진 면면을 발견했을 때의 짜릿함이란 더욱 선명하게 기억되는 법이니까.

이만한 매력, 흔치 않다.

내가 사랑한 유럽의 도시

여기가 바로
스트리트 푸드의 성지

Palermo

이탈리아 팔레르모 전경

"팔레르모에서 다채로운 지중해를 맛봤다"

이탈리아 최남단에 있는 시칠리아는 한 많은 섬이다.

멍울진 과거 속에서 이유를 찾을 수 있다. 유럽과 아프리카가 만나는 지중해의 심장에 자리 잡은 이 섬을 그냥 지나쳐가는 이들은 없었다. 모두가 탐냈다. 그리스, 카르타고, 로마, 아랍, 노르만, 프랑스 등 지중해 패권을 둘러싼 강대국의 침략을 끊임없이 받았다. 제국이 힘겨루기 할 때마다 침략과 혼란의 역사를 굴곡지게 겪어온 것이다.

한 세력이 떠나고 새로운 세력이 들어와도 다른 이의 흔적을 완전히 파괴하지 않았다. 고대 그리스 로마부터 비잔틴, 이슬람이 만나 서로 영향을 주고받은 흔적이 섬 곳곳에 남아 있다. 그래서 시칠리아에는 시칠리아만의 이국적인 정취가 흐른다.

지중해가 품은 이야깃거리로 무궁하다. 시칠리아의 다채로움은 식문화에서도 찾아볼 수 있다. 이 땅에 발자취를 남긴 이들의 문화가 음식으로 이어져 고스란히 전해졌기 때문. 그래서 시칠리아야말로 지중해의 맛을 지닌, 아니 그 자체라고 해도 과언이 아니다.

시칠리아의 여러 도시 중 북쪽에 있는 주도 '팔레르모'는 음식과 라이프스타일이 완벽하게 일치하는 곳이다. 무엇보다, 팔레르모는 먹는 즐거움에 장소를 따지지 않는다. 그곳이 식당이어야 할 필요는 없다.

여기가 바로 스트리트 푸드의 성지니까. 가공되지 않은, 날것 그대로의 트렌드를 주도하는 곳은 다름 아닌 시장이다. 시장은 투박하고 어수선하지만, 사람의 온기와 생동하는 삶의 면면을 엿볼 수 있다. 그러니 여행에서 가장 재밌는 구경거리는 단연 시장일 수밖에.

부차리아 시장은 시칠리아에서 가장 크고 번화한 장터다. 팔레르모 사람들은 "만약 부차리아 시장 바닥이 마른다면"이라는 말을 자주 쓰는데, "절대 그럴 일이 없다"라는 뜻이기도 하다.

새벽부터 늦은 저녁까지 영업하는 시장은 생동감 넘친다. 아침에는 각종 채소와 해산물을 판매하는 장터였다가, 밤이 되면 길거리 음식을 즐기는 노점으로 변한다. 야시장은 새벽 시장의 새초롬한 풍경을 잊게 한다. 밤이 되면 더 활기를 띠는 거리에 사람들이 모인다. 재료 본연의 맛을 살린 음식과 로컬의 맛을 즐기는 사람들로 넘쳐난다. 그래서 부차리아 시장에선 낯선 도시의 일상에 더 쉽게 침투할 수 있다.

──────── 음식이 모든 걸 아우르고 있었다

예나 지금이나 음식에서 가장 중요한 건 식재료다. 겉모습은 투박한데 그 안에 담긴 이야기는 하나같이 예사롭지 않다. 그 식재료가 가지라면 더더욱. 시칠리아의 가지는 유독 맛있다. 토마토와 가지로 맛을 낸 카포나타는 시큼하면서도 달콤하다.

가지를 시칠리아에 전파한 세력이 있다. 이슬람의 지배하에 있던 때, 아랍인들이 가져온 작물이 가지였다. 그래서 독특한 모양과 맛 때문에 '미친 사과'라는 이름이 붙으며, 천민들이 먹는 음식으로 우습게 여겼다. 그런데 문제가 생긴다. 미친 사과는 시칠리아의 뜨거운 태양 아래 너무 잘 자랐고 맛도 풍부해진 것. 그래서 '미쳤다'의 의미가 모양이 아닌 맛이 되어버리며 시칠리아를 대표하는 식재료로 자리 잡는다.

팔레르모 길거리에서 만난 아란치니는 자꾸만 발걸음을 멈추게 한다. 한입 베어 물면 고소한 향이 입안에 가득 퍼지는 시칠리아식 주먹밥 튀김이다. 아란치니에는 고기, 치즈, 참치, 시금치 등 다양한 재료가 들어가 있다. 그래서 맛있는 맛을 뭉쳐 튀긴 악마의 음식이기도 하다. 모양과 색이 이탈리아의 작은 오렌지 아란치아(Arancia)를 닮았다고 해서 아란치니(Arancini)라는 이름이 붙었다고 전해진다.

북아프리카의 영향을 받아 탄생한 요리도 있다. 얼핏 보면 쌀처럼 생겼지만, 단단한 밀을 으깨 만든 짧은 파스타 중 하나인 쿠스쿠스다. 시칠리아는 지리적으로 이탈리아보다 아프리카에 더 가깝다. 북아프리카에서 채소와 고기 위주의 쿠스쿠스를 즐겼다면, 시칠리아에선 생선으로 요리한 쿠스쿠스가 유명해졌다.

시칠리아의 뜨거운 태양만큼이나 달콤한 디저트 역시 빼놓을 수 없다. 이탈리아어로 작은 관을 뜻하는 카놀리가 그 주인공. 영화 〈대부〉에 "총 버리고, 카놀리는 챙겨."라는 대사가 나온다. 배신자를 처단한 상황에서도 보스가 총 대신 카놀리를 선택할 만큼 이탈리아인이 사랑

하는 디저트다. 튜브 모양으로 된 얇은 페이스트리를 기름에 튀긴 후 리코타 치즈로 안을 채우고 피스타치오를 잔뜩 붙이면 쫀득한 카놀리 가 완성된다. 중동에도 유사한 디저트들이 있는데, 카놀리는 설탕을 전 파한 아랍의 영향을 받은 것으로 추측된다.

팔레르모에서 다채로운 지중해를 맛봤다. 지난 수 세기 동안 이 섬을 다녀간 사람들이 있고, 그들이 남긴 역사와 문화가 혼재했다. 음식이 이 모든 걸 아우르고 있었다. 어떤 이가 가져온 식재료는 누군가의 손 을 거쳐 음식으로 만들어졌고, 남겨진 이들의 고유한 맛이 되었다.

여행의 즐거움은 의외로 사소한 곳에서 찾아온다. 혀끝의 감각으로 그 도시의 향취가 묻어나는 음식을 맛보는 순간처럼.

사람, 자연, 도시가 공존하는
친환경 수도

Freiburg

독일 프라이부르크 전경

"프라이부르크는 다음 세대의 미래를 빼앗지 않았다"

여행(travel)은 '고생', '고통'을 뜻하는 고대 프랑스어 'travail'에서 기원한다. 예나 지금이나 집 나가면 고생이란 말이 괜히 나온 건 아니었나 보다. 고생은 여러모로 복합적이지만, 그만큼 달콤하기도 하다.

노련한 여행자가 될수록, 사서 고생하는 여행이 좋았다. 여행의 불편한 재미를 기꺼이 받아들였다. 커피는 테이크아웃하는 대신 유리잔에 마시고, 손수건과 텀블러는 가방에 넣고, 기존에 사용하던 것들을 바리바리 싸 들고 다녔다.

여행지에서 굳이 불필요한 쓰레기를 만들고 싶지 않았다. 그래서 늘 버리지 않을 방법을 고민했다. 사소한 불편을 감수하자 소소한 즐거움이 따라왔다.

익숙한 여행이 새롭게 다가왔다. 전에는 보이지 않던 것들이 눈에 담겼다. 도시의 재활용 시스템이, 거리를 누비는 친환경 바이오가스 버스가, 자전거 바퀴가 만들어내는 깨끗한 공기가 선명하게 읽혔다. 그렇게 지속 가능한 여행을 실천했다.

사람과 자연, 도시가 조화롭게 공생하는 방법을 알려준 여행지가 있다. 유럽의 친환경 수도라 불리는 '프라이부르크'다. 독일에서 가장 따뜻한 남서부에 자리한 도시답게, 5월의 프라이부르크는 화창했다.

무엇보다, 이 도시는 첫인상부터 남달랐다. 중앙역에서 나오자마자 시선을 붙잡은 건 높이 60m에 이르는 솔라타워였다. 태양광 집열판으로 뒤덮인 건물은 멀리서도 빛났다.

그 반짝임은 도시의 정체성을 확고하게 드러냈다. 태양광 시설은 학교, 축구장, 공공기관, 마트 등 도시 곳곳에 다양하게 분포되어 에너지를 만들었다. 그러다 보니, 프라이부르크 전체가 태양광을 전시하는 야외 갤러리나 다름없었다.

도시 곳곳을 누비는 전기 트램을 타고 생태 주거단지로 향했다. 차가 다니지 않는 친환경 마을, 보봉이 바로 그곳. 원래 제2차 세계대전 이후 프랑스군이 주둔하던 지역이었다. 서독과 동독이 하나의 독일로 통일되면서 1992년에 프랑스군은 철수한다.

그 후 삭막했던 군부대는 저에너지, 저탄소 마을로 거듭났다. 자동차 대신 자전거가 달리고, 주차장 대신 놀이터가 만들어졌으며, 집집마다 태양 에너지 패널을 설치한 공동주택이 들어섰다.

여기서 끝나지 않았다. 태양을 따라 회전하며 에너지를 만드는 건물도 세워진다. 해바라기 집이라 불리는 헬리오트롭이다. 헬리오트롭은 건물 자체도 창의적이지만, 쓰임은 더 창조적이다.

건물이 소비하는 전기의 약 다섯 배에 달하는 재생가능 에너지를 자체적으로 생산하고, 남은 에너지는 시에 판매해 수익을 창출하고 있다. 보봉 마을의 주민들은 에너지 자립에 적극적으로 동참했다.

사회적 합의가 이뤄진 땅에서 푸른 새싹은 무럭무럭 자라났다. 뜨거운 햇빛이 빚어낸 지속 가능한 태양광처럼.

태양만큼 도시에 이로운 존재가 있다면, 그건 물이 아닐까. 프라이부르크 거리 곳곳에는 작은 실개천인 베히레가 졸졸 흐른다. 자연의 경사를 따라 가장 높은 언덕에서 가장 낮은 땅으로 부지런히 이동했다. 과거 화재를 대비해 설계된 소방용 수로는 현재 도시의 온도와 습도를 조절하고 있다.

프라이부르크는 태양광 에너지를 생산할 만큼 일조량이 풍부하지만, 그만큼 뜨거운 도시이기도 하다. 베히레는 햇빛에 달궈진 땅을 식혀주며 열섬 현상을 줄이는 역할을 충실히 해내는 고마운 존재다.

실개천 베히레

베히레를 쫓아 도심을 부지런히 거닐었다.

프라이부르크는 보행자에게 천국 같은 도시다. 자동차보다 편한 건 전기로 움직이는 트램이고, 버스보다 빠른 건 친환경 교통수단인 자전거였으니까. 거리에서 뛰어노는 아이들이 있었다. 자동차의 나라 독일이 맞나 싶을 정도로 도로에 자동차가 없었다.

프라이부르크는 자동차로부터의 해방을 선언했다. 도심에 차량이 못 다니도록 안전한 길을 냈다. 500km에 이르는 자전거 도로를 조성했고, 대중교통을 제외한 그 어떤 차량도 진입할 수 없는 보행자 통행 지구를 만들었다.

자동차 바퀴가 달리지 않는 도심은 자유로웠고 안전했다.

세계가 주목하는 환경 수도로 거듭난 프라이부르크지만, 1970년대만 해도 환경과는 무관한 소도시였다. 환경 보호는 아이러니하게 환경 피해로부터 자각되었다. 산성비가 내리면서 가문비나무로 빼곡한 검은 숲이 피해를 봤고, 도심에서 30km 떨어진 지역에 원자력 발전소 설립 이슈가 터졌다.

시민들은 똘똘 뭉쳐 정부 정책에 반대하는 환경운동을 전개한다. 원전은 위험하고도 불안한 미래였다. 시민들은 경제적 지원이라는 솔깃한 유혹에 넘어가지 않았다. 오랜 대립 끝에, 독일 정부로부터 원전 철회 약속을 받아낸다. 시민이 중심이 되어 이뤄낸 눈부신 쾌거였다.

그 후, 프라이부르크는 독일 최초의 환경국을 설립하고 독일 최초로 녹색당 시장을 선출했다. 시민들이 자발적으로 연대해 환경운동을 주도했고, 사회적 합의를 이뤄냈으며, 모두가 부지런히 실천했다. 프라이부르크의 눈부신 오늘은 그렇게 시작된 것이다.

프라이부르크는 다음 세대의 미래를 빼앗지 않았다. 조금이라도 더 좋은 환경, 더 나은 삶을 물려주고자 주민과 도시가 노력했다. 불편을 감수하면서까지 삶의 방식에 변화를 줬고, 차츰차츰 도시만의 환경 습관이 형성되었으며, 결과적으로 그 패턴이 도시를 깨끗하게 정형화시켰다. 지역민은 익숙하고 이방인에겐 낯선 방식으로.

세상에는 다양한 형태의 여행이 있다. 여행의 방식도 여행의 목적도 각기 다르지만, 그렇다고 여행지를 대하는 태도까지 달라지는 건 아니다. 지역민의 삶과 문화를 존중하고, 여행지의 환경을 지켜주는 것 역시 여행자의 몫이다.

누군가에겐 낯선 장소로의 떠남이 다른 누군가에겐 일상의 침범으로 다가올 수 있으니까. 프라이부르크에서만큼은 환경을 해치는 이기적인 여행자가 아닌, 잠시 스쳐 지나가는 덜 유해한 여행자이고 싶다.

참고문헌

1부. 유구한 역사를 담은 도시

시오노 나나미, 김석희, 『로마인 이야기 1』, 한길사, 1995.

시오노 나나미, 김석희, 『로마인 이야기 10』, 한길사, 2002.

요한 볼프강 폰 괴테, 안인희, 『이탈리아 여행』, 지식향연, 2017.

존 그린, 김지원, 『잘못은 우리 별에 있어』, 북폴리오, 2019.

러셀 쇼토, 허형은, 『세상에서 가장 자유로운 도시, 암스테르담』, 책세상, 2016.

알레산드로 마르초 마뇨, 김정하, 『책공장 베네치아』, 책세상, 2015.

김상근, 『삶이 축제가 된다면』, 시공사, 2020.

잉게 숄, 송용구, 『아무도 미워하지 않는 자의 죽음』, 평단, 2021.

정태남, 『동유럽 문화도시 기행』, 21세기북스, 2015.

시오노 나나미, 이경덕, 『그리스인 이야기 1, 2, 3』, 살림, 2017~2018.

바사 박물관 홈페이지(vasamuseet.se)

2부. 찬란한 예술을 입은 도시

헨리크 입센, 안미란, 『인형의 집』, 민음사, 2010.

울리히 비쇼프, 반이정, 『에드바르 뭉크』, 마로니에북스, 2020.

황윤기, 『포르투갈의 노래, 파두』, 북커스, 2019.

조반니 파피니, 정진국, 『미켈란젤로 부오나로티 1, 2』, 글항아리, 2008.

김태진, 『아트인문학 여행 x 스페인』, 카시오페아, 2019.

루이지애나 현대미술관 홈페이지(louisiana.dk)

3부. 설렘 가득한 책공간을 지은 도시

자크 보세, 이섬민,『세상에서 가장 아름다운 도서관』, 다빈치, 2012.

윤희윤,『도서관 지식문화사』, 동아시아, 2019.

백종옥,『베를린, 기억의 예술관』, 반비, 2018.

라이너 모리츠, 박병화,『유럽의 명문 서점』, 프로네시스, 2011.

국립중앙도서관 홈페이지(nl.go.kr)

헬싱키 중앙도서관 리뷰 리포트(competitionline-content.com/109xx/10948_93071_
    Centrallibrary_reviewreport.pdf)

4부. 휘게 라이프스타일을 읽는 도시

알레산드로 마르초 마뇨, 윤병언,『맛의 천재』, 책세상, 2016.

파비오 파라세콜리, 김후,『맛의 제국 이탈리아의 음식문화사』, 니케북스, 2018.

통합유럽연구회,『유럽을 만든 대학들』, 책과함께, 2015.

김덕영,『정신의 공화국 하이델베르크』, 신인문사, 2010.

권은중,『볼로냐, 붉은 길에서 인문학을 만나다』, 메디치미디어, 2021.

아서 스탠리 리그스, 김희정,『시칠리아 풍경』, 산지니, 2015.

유네스코와 유산 홈페이지(heritage.unesco.or.kr)

내가 사랑한 유럽의 도시

초판 1쇄 발행 2023년 5월 2일

지은이 | 이주희
펴낸곳 | 믹스커피
펴낸이 | 오운영
경영총괄 | 박종명
편집 | 김형욱 최윤정 이광민
디자인 | 윤지예 이영재
마케팅 | 문준영 이지은 박미애
등록번호 | 제2018-000146호(2018년 1월 23일)
주소 | 04091 서울시 마포구 토정로 222 한국출판콘텐츠센터 319호(신수동)
전화 | (02)719-7735 팩스 | (02)719-7736
이메일 | onobooks2018@naver.com 블로그 | blog.naver.com/onobooks2018

값 | 17,000원
ISBN 979-11-7043-404-7 03920